目次

第１章　家族とは何だろうか

1　現代の家族

若者たちの強い思い

私は一介の精神科医ですが、ある時期から大学の教壇に立つようになりました。導きがあって桜美林大学に着任したのがちょうど西暦二〇〇〇年のことです。それから八年間、学生たちからとても多くのことを教えてもらいました。「今どきの若者たち」の意外な豊かさやたくましさに触れ、昔も今も若い人々の思いはそれほど違うものではないと知ったことは、とりわけ大きな収穫になっています。

「精神保健学」「精神医学」といった科目を担当しましたが、一方的な授業ではつまらないと思い、学生に頻繁に質問を投げかけたり、リアクション・ペーパーと呼ばれるミニレポートを多用したりして、双方向的な授業になるようあれこれ工夫しました。

学生もそれによく反応して活発に意見を語ってくれましたが、その中で毎年痛感するのは、さまざまなテーマにこと寄せて発せられる、彼ら若者の「家族」に対する強い思いでした。現にある家族がどれほど大切でかけがえのないものかを素直に語るものもあれば、現実の家族生活の問題点やつらさを開示し、満たされない思いを語るものもあります。後者のような場合には、ほぼ例外なく「自分が家族をもつときには、反省を活かして愛情と信頼に満ちた理想の家庭を作りたい」と結んでいました。

もちろん、こうして出てくる発言は強い思いをもった人々のそれであって、家族というものに否定的であったり無関心であったりする学生はとりたてて発言しませんから、出てきた発言だけで全体を判断することはできません。その点を割り引いたとしても、若い人々の「家族」「家庭」に向ける思いはきわめて強いものでした。卒業後の将来像について語るときに、「良い家庭を築く」ということが彼らの主たる関心事から外れることは、まず絶対になかったのです。

もうひとつ印象に残っているのは、自分自身や家族を悩ます精神疾患について、彼らの多くが自己開示を恐れないことでした。ある女子学生は、彼女の弟が統合失調症にかかっていることを精神医学の授業の際に明かし、障害のある人々に偏見をもつことなく理解をもって接してくれるよう、友人たちに訴えました。一昔前だったら、家族内に統合失調症の患者がいる事実などはひた隠しに隠したことでしょう。そうしないと、彼女自身の就職や結婚に支障の生じる恐れが今以上にありました。

私の所属していたのは精神科ソーシャルワーカーや臨床心理士を養成する学部で、学生たちの意識が標準より高かったということもありましょうが、少なくとも私自身の属する世代に比べて精神疾患に対する偏見が格段に薄らいでいることは、広く学生一般に言えることでした。まだまだ不十分とはいえ、精神疾患の当事者や家族にとって生きやすい世の中になりつつあることを感じ、嬉しく頼もしく感じたものです。

あれから一五年以上経ち、右の女子学生は社会福祉団体で働きながら結婚して二児の母になりました。理想を語った若者たちも多くは現実の家庭人になっているはずで、時々聞こえてくる消息に一喜一憂しています。

家族の変貌

そもそも家族とは何なのでしょうか？

試みに手許の国語辞典から二つ語釈を拾ってみます。

①「同じ家に住み生活を共にする血縁の人々」、これは一九六三（昭和三八）年発行の岩波国語辞典です。ちょっと古いですね。そこでもうひとつ、

②「夫婦とその血縁関係にあるものを中心として構成される集団」、こちらは二〇〇六（平成一八）年発行の『大辞林（第三版）』です。

他にもいろいろな定義があるでしょうし、これだけで厳密な議論はできませんが、それでもいくつかポイントが拾えそうです。

まず「同じ家に住む」ことが、①にはあって、②にはありません。以前は家族なら同じ家に住

むのが当然の標準形とされていました。今でも大事な条件には違いありませんが、単身赴任や遠距離結婚が増え、「同じ家に住み生活を共にする」かどうかが家族の基準とはされなくなったのでしょう。

いっぽう、血縁という言葉は両方にありますが、①では「血縁の人々」と言いきっているのに対して、②は「血縁関係にあるものを中心として構成される」とあり、血縁以外の人々が加わる余地を残しています。

また、「夫婦」が②だけにあることも重要で、以前は親子兄弟などさまざまな血縁関係が家族を支えていたのに対して、現在は何よりも「夫婦」が中心であり、その周囲に他の関係が重ねられていることを示しています。

この半世紀ほどの間に日本の家族の実態や日本人の家族観は大きく変貌しました。要約すれば、「多世代・大家族・多子」から「少世代・核家族・少子」へと劇的な転換を遂げたといえるでしょう。上記の定義の変化はその間の事情をよく表しています。家族といえば、夫婦と未成年の子どもからなる核家族が現在の標準形です。祖父母やおじおば、時には使用人までも準構成員として含んでいた一世紀前の家族とは比較になりません。

「家族としてどう関わるか」という問題も、このことと切り離して考えることはできないでしょう。後述する精神病者監護法の時代には、日本の家族はひとつの小社会ともいえる大きなサイズをもっていました。現在ではよくも悪くも、日本の家族は小さなものになっています。そして核家族を標準形とする現代社会に生きていながら、私たちのイメージは依然として古い時代のそれに対する郷愁やこだわりに影響されているところがあります。現代の核家族にはそれほどの余力がないことを知りながら、どこかで「家族が病人の面倒を見るのが当然」と考えがちではないでしょうか。

家族と血縁

上に引用した国語辞典の定義は、温度差はあるもののいずれも「血縁」を重要なものとして含んでいました。この点について、違和感を覚える人があるかもしれません。血のつながらない養子もりっぱな家族であることを考えれば、必ずしも「家族＝血縁」とは言えないでしょう。事実、日本の伝統の中には養子という制度を積極的に活用する一面があり、それを背景に「生みの親より育ての親」という諺すら生まれています。②の定義が「血縁関係にあるものを中心に」と表現にふくらみをもたせているのは、こうしたことに配慮した結果かもしれません。

考えてみれば、血縁でつながっていてもお互いに薄情な家族はいくらでもありますし、逆に血縁者でもない人が家族以上に親身に互いを思いやる姿も、よく探せば社会のさまざまな場面に見つけることができます。家族を家族たらしめるのは血縁ではなく愛情の絆ではないか、血縁のないところにも家族は成立するのではないか、そう考えてみたくなります。

聖書には注目すべき記載があります。皆さん御存じの有名な場面です。

イエスがなお群衆に話しておられるとき、その母と兄弟たちが、話したいことがあって外に立っていた。そこで、ある人がイエスに、「御覧なさい。母上と御兄弟たちが、お話ししたいと外に立っておられます」と言った。しかし、イエスはその人にお答えになった。「わたしの母とはだれか。わたしの兄弟とはだれか。」そして、弟子たちの方を指して言われた。「見なさい。ここにわたしの母、わたしの兄弟がいる。だれでも、わたしの天の父の御心を行う人が、わたしの兄弟、姉妹、また母である。」

（マタイによる福音書一二・四六―五〇）

ここに語られているのは信仰における神の家族のことであり、霊的なたとえである、これをそのまま現実の家族論にもちこむべきではない、そのような反論はあろうかと思います。なるほどそうかもしれませんが、しかし真の家族は血縁によってでなく信仰によって築かれるのだというメッセージは、現実的な説得力をもっているでしょう。血縁の家族の場合にも、血縁によって自動的に家族となるのではなく、愛情にもとづく配慮や協力があってこそ本当の意味での家族に成長するのです。

念のために言えば、主イエスは母マリアへの息子としての責任を、決して忘れておられたのではありませんでした。十字架の上で命が尽きようとする時、主イエスが愛する弟子に母を託したことが聖書に記されています（ヨハネによる福音書 一九・二五―二七）。ここでも「愛」がキーワードになっていることに注目しましょう。主イエスは愛する母を愛する弟子に託されました。弟子もまた主イエスへの愛ゆえに、その母を自分の家族として迎えたのです。

新しい家族の古い原点

血縁ではなく信仰によって、あるいは愛の絆によって新しい家族を創り出そうとする営みは、現実の社会に決して少なくありません。

これも桜美林大学時代に出会った若者の話です。彼はキリスト教とは異なる某宗教の、地方レベルの指導者の家庭に育ちました。男四人兄弟の長男で、弟たちをとても可愛がっている様子が日常の会話から伝わっていたのですが、あるとき知って驚いたのはその弟たちの中に、もともと他の家庭で生まれた子が含まれていたことです。彼らの宗旨では、誰かの家庭に事情が生じて子どもを育てられなくなった時、信者仲間が引き取って育てることはよくあるのだと話してくれました。決して裕福な家庭ではなく、彼のお父さんは過労がたたって六〇歳そこそこで急逝してしまうのですが、そんな中でも彼らは教えにもとづく家族の絆を守り続けたのです。

今はことさら他宗教の例を引きましたけれども、同様の精神から養子を家族に迎えている人々はクリスチャンの中にも大勢ありますし、宗教的背景のない人々の間にもあることです。自身の子どもを授からない場合に養子を考えることが、以前はもっと多く見られたのではないでしょうか。不妊治療が進んで血を分けた子を望める可能性が広がっただけ、養子という発想は後退しているように思われます。体外受精などのいわゆる生殖医療をどこまで認めるかは難しい問題ですが、そこに向けられる社会的関心のせめて何分の一かを、血脈によらない家族形成に向けることはできないでしょうか。人々が強く血脈にこだわるのは、裏切られることのない確かな絆を求めるからではないかと思います。しかし、果たして血脈がそれほど確かな保証になるものでしょうか。

そんなふうに論じ合う中で、ある人の言ったことが印象的でした。

「そもそも、夫婦はお互いに血がつながっていませんよね？」

その場の一同が思わず笑いだし、それから妙に納得したものでした。確かに平均的な核家族を考えた場合、お互いに血がつながっていない組み合わせは夫婦だけです。その夫婦こそが家族の出発点であり土台であるということは、象徴的だと思います。

「男は父母を離れて女と結ばれ、二人は一体となる」（創世記 二・二四）とあるのは、夫婦関係のことだけではないでしょう。パウロはこれをキリストと教会の関係に敷衍しました（エフェソの信徒への手紙 五・三一―三二）。さらにこれを人間関係一般にまで広げてみたらどうでしょうか。血縁の絆から出て、愛による絆に入ること、それこそが私たちの人生に与えられた大きなテーマであり、人間として成長することではないかと思います。

新しい家族の兆しと大きな幻

国語辞典の定義には出てこなかったことですが、他の人間集団と異なる家族の大きな特徴は、「利害や打算によってでなく、その人がその人であるという理由で尊重される」ところにあります。言い換えれば、そのような特徴を備える集団や相互関係は、その分だけ家族に似た雰囲気を醸し、家族と同様の役割を果たすことになります。そのように見れば、事実上の家族を血縁によらずに創り出している人々のリストは一段と広がるでしょう。

たとえば、弁護士・坪井節子さんらの開設した、少年少女のためのシェルター（一時避難所）「カリヨン子どもの家」はその好例です。かつてテレビでも詳しく紹介されたように、そこに逃げ込んできた子どもたちがスタッフとの体当たりの交流の中で大人への信頼を取り戻していく姿は、まさしく「家族の回復」と表現するのがふさわしいものでした。

当事者研究ですっかり有名になった北海道浦河町の「べてるの家」の基本姿勢も、「生活共同体、働く場としての共同体、ケアの共同体」という三重の意味での共同体をめざしており、やはり大きな家族を創り出そうとするものです。カリヨンもべてるも「家」という名称を掲げていることからも、真の意味での家族の器を提供しようとする姿勢が明瞭に見て取れるでしょう。この両者は、設立の背景にキリスト教信仰があるという意味でも、私たちに大きな励ましを与えてくれるものです。

これらは日本の社会全体から見れば、まだまだ小さい萌芽にすぎないかもしれません。しかしその未来には大いに期待したいのです。現実的に見ても、血縁の家族がどんどんサイズダウンし、また血縁の家族を新たに形成しない人々が急増している今日において、血縁によらない「家族」を生み出す力と方法を手にすることができなければ、日本の社会の未来は開けてきません。霊的な家族の絆が日本人の心を結ぶとともに、精神保健福祉の底力をも支えるような社会、その大きな幻こそが現実の解決策を与えるはずです。

2 歴史の中の家族

精神病者監護法と私宅監置

実はわが国の精神保健福祉の歴史を語るときに、「家族」という言葉は避けて通ることができないものなのです。この点を簡単に見ておきましょう。

現在は精神保健福祉法という法律があってこの領域の制度を規定していますが、この種の法律のルーツをたどっていくと、一九〇〇年（明治三三年）に制定された精神病者監護法という法律にたどり着きます。

「監護」の字は「看護」の間違いではありません。この名称が示すとおり、精神障害者の福祉を促進するためではなく、患者が社会に迷惑をかけないよう監督することがこの法律の眼目でした。その責任を負わされたのが、他ならぬ「家族」だったのです。

一九〇〇年というこの年は、日清戦争と日露戦争の狭間にあたります。この時期の日本にとって、いわゆる「第二次条約改正」を果たして欧米列強と対等な関係を築くことが国家的な急務でした。『坂の上の雲』に活写された時代ですけれども、まだ貧しかった日本の国が富国強兵のスローガンのもとに軍事を優先させる陰で、精神障害者の医療や福祉は完全に後回しにされていました。ヨーロッパ型の大規模な病院や施設を建設する余地はなく、本来は公的な責任で行うべき精神障害対策を「家」に負わせるのが精神病者監護法の基本姿勢であったといえます。

ただし、「家」といっても現代の核家族とはまったく別のもの、戸主（家督相続人）によって統率される旧民法下の「家」であったことを知らねばなりません。戸主はたとえば家族の婚姻に関する同意権をもつなど、今では考えられないような強い権限と大きな責任を与えられていました。その「責任」のうちに、家の中で発生した精神障害を管理することが加えられたわけです。

この時代にはまだ統合失調症など本格的な精神疾患に対する有効な治療法がありませんでした。そのような時代に、家が精神障害者を監督するための手段として、精神病者監護法によって認められたのが「私宅監置」、つまり一般家屋の一画に患者を監禁することでした。平たく言えば座敷牢ですが、座敷などの屋内に置かれるのはましな方で、実際には庭先の小屋などに押し込めておくことが多かったのです。

この制度に対しては当時から強い批判がありました。東京帝国大学の教授であった呉秀三《くれしゅうぞう》は、門下生たちの協力を得て当時の私宅監置の実態を詳しく調査し、これを報告書にまとめて刊行しています。その中で呉が遺した有名な言葉は、「わが国十何万の精神病者は、この病を受けたるの不幸のほかに、この国に生まれたるの不幸を重ぬるものというべし」、つまり「日本の精神障害者はつらい病気にかかった不幸の上に、精神障害者を冷遇虐待する日本という国に生まれた不幸までも負わされている」というものでした。

この時代の精神障害当事者の苦難は想像にあまりあるものですが、家族もつらかったことでしょう。外に向かっては世間の厳しい偏見があり、公的な援助は何も期待できないばかりか病人を監視監督することを義務づけられ、その中で大事な家族を座敷牢に押し込めねばならなかった心情は、筆舌に尽くせないものがあったと思われます。

島崎藤村の『夜明け前』末尾近くには、精神の変調をきたした主人公・半蔵を息子の宗太らが縄で縛って、木小屋に連れて行く悲痛な場面が描かれています。舞台は明治一九年頃とされており、精神病者監護法の制定よりまだずいぶん前のことです。法の制定以前に、既にそのような社会慣習が存在したことがここからも窺われます。精神病者監護法は、そのような慣習を廃止するのではなく、むしろとり入れて活用するものとなったのでした。

保護（義務）者制度

精神病者監護法の制定からちょうど五〇年後の一九五〇年（昭和二五年）、同法が廃止され精神衛生法が制定されました。ＧＨＱ（連合軍総司令部）主導の戦後改革の一環であり、これに伴って私宅監置が廃止されるいっぽう、都道府県に公立精神病院の設置義務が課せられることになりました。「家」に丸投げされていた精神障害者の処遇がようやく行政の責任とされることになったわけですが、実際には国公立病院の設置は進まず、その後の政策的誘導によって民間精神病院の建設ラッシュが起きることになります。欧米では精神科病院の大半は公立であるのに対して、わが国では正反対に圧倒的多数が私立病院であることが問題点として指摘されますが、その事情はこのあたりから発しているわけです。

それはさておき、精神衛生法が定める新しい制度の中で、家族は「保護義務者」としてさまざまな責任を負うことになります。義務の主なものとしては、

①　患者に適正な治療を受けさせるよう努めること。
②　患者が自身や他人を害しないよう留意すること。
③　患者の財産上の利益や権利を保護するよう努めること。

などがありました。誰が保護義務者にあたるかは精神病者監護法の時代から順位が決まっていて、後見人、配偶者、親権者、扶養義務者という具合に候補者を求めていき、該当者が存在しない場合や存在しても保護義務を果たせない場合は、患者居住地の市町村長が保護義務者となることとされていました。

実際に、たとえば精神疾患が原因で患者が他人を害したからといって、保護者が法的責任を問われるようなことはありませんが、少なくとも「誰が患者の世話をするのか」という問に対しては「家族」という社会通念上のはっきりした答があり、精神衛生法はこれを明文化したものであったと考えられます。

実際上もっとも重要な保護義務者の役割として、患者が強制入院を必要とする場合に同意を与えるという仕事がありました。今日の精神保健福祉法が規定する医療保護入院にあたるものを精神衛生法では同意入院と呼びましたが、同意といっても本人の同意ではなく保護義務者の同意だったのです。医師の説明を受けて強制入院の同意を与えるのが保護義務者の役割とされたもので、これは相当な精神的負担を家族に与えたものと推測されます。

これについて、私には忘れることのできない記憶があります。医者（医師と医者を適宜使い分けます）に成り立ての頃に修行した病院に、当時三〇歳前後で難治性てんかんを患うYさんという男性が入退院をくり返していました。もともと両親と三人の弟妹の六人で暮らしていましたが、彼だけが少年期からてんかんに罹ったのです。てんかん治療の進歩によって、ほとんどのケースは薬を飲みながら社会適応を果たせるようになっていますが、中にはYさんのように治療がうまくいかないケースもあります。長年にわたって発作をくり返すうちに性格の変化や生活能力の低下が起きて、Yさんはしだいに家族の中で厄介扱いされるようになっていきました。そしてある時、Yさんの母親は健康な弟妹を引き連れて家を出、隣町に引っ越してしまったのです。Yさんのお父さんは温和な人で、忍耐強くYさんの面倒を見ながら二人暮らしをしていましたが、このお父さんが胃がんにかかってあっという間に亡くなってしまいました。

Yさんの病状は進む一方で、どうしても誰かが面倒を見る必要がありましたが、母親は関わりを嫌って所在を隠し、連絡が取れません。本人は入院をいやがるので強制入院手続きを取らねばなりませんが、母親の同意なしには進められませんから現場では困りました。母親がいるのに市長を保護義務者とすることを行政担当者はなかなか了解してくれず、ようやく市長の同意で入院が実現する頃には、本人も病院スタッフもへとへとになっていました。無事に病棟に入ったYさんの姿を見て安堵しながら、父親に死なれ母親に捨てられた彼の境遇を思って、何とも言えない気持ちになったものです。

このことがあったのは一九八〇年代の終り頃でしたが、ちょうどその頃、日本の社会に大きな変化が起きつつありました。保護義務者の制度は、安定した家族構造が日本の社会に存在することを前提としてつくられています。家族の中に誰かしら保護義務を果たしうる者が存在し、家族の困難にあたって保護義務者の役割を担ってくれることが期待できなければ、この制度は立ちゆきません。しかし社会の現実は、しだいにそのような前提や期待にそぐわないものになってきました。少子化、非婚・離婚の増加などの結果、単身世帯の割合が急速に拡大し、保護義務者を家族内に求めることができないケースが急増しました。また家族がある場合でも、家族のサイズが著しく小さくなるとともにメンバーが高齢化し、家族を支えるコミュニティの力も急速に低下してきました。家族に多くを求めるのは酷という現実が、日毎に進行しつつあったのです。

そんな現状を後追いする形で、まず一九九五年（平成七年）には保護義務者という名称が保護者に変更され、二〇一四年（平成二六年）四月からは保護者の責務規定そのものが廃止されました。それ以来、医療保護入院に関しては「家族等の同意」によって手続きを進めることになっています。

家族の現実と未来

こうして振り返ってみると、日本の近代史の中で家族が重すぎる役割を担わされてきたことが、分かっていただけるでしょう。そしてこれは過去の話ではありません。「保護者」という制度こそ廃止されましたが、家族に寄せられる期待は現在でも大きく、また家族思いの人であればあるほど、そうした期待を強く受け止めて負担に感じることでしょう。

これは日本だけの話ではありません。たとえばイタリアでは一九七八年にバザーリア法という法律が制定され、精神科病院が全廃されました。どうしても入院治療が必要なときは一般総合病院の病床を利用し、それ以外はすべて地域を舞台とした外来医療でカバーするという考え方です。思いきった先進的決断で、地域精神医療の究極の形ともいえますが、これが実施されて以来、家族の負担が増加しているという指摘があり問題視されています。そもそも家族のまとまりの強いイタリアでなければ、こうした変革はできなかっただろうという指摘もあります。個人主義が発達し、成人後の生活については自立と自己責任が大原則とされるヨーロッパですら、そうなのです。成人後も子どもを抱え込む傾向が強く、社会も家族に多くを期待しがちのわが国においては、なおさらそうした危惧が大きいでしょう。

病院中心の収容型医療から地域を舞台とした開放的な医療への転換は、精神科医療の立場からは間違いなく歴史的な進歩でした。その反面、家族の負担がかえって増していくとすれば皮肉なことですが、むしろこれを好機ととらえ、「病人の面倒をみるのは家族の責任」という通念そのものを考え直していくべきでしょう。超高齢社会における認知症ケアの問題ひとつとってみても、個々の家族が責任を負うことのできる限界をとうに超えています。前項に述べた「血縁によらない家族」の考え方を含め、家族という単位を超えて皆でタスクとリスクを共有しなければ、誰も生き延びていけない時代が来ているのです。そんな展望の中で、個々の家族もまた血縁ばかりに依るのではなく、愛と信頼に支えられた共同体へと成長することが望まれているのではないでしょうか。

「私の家族とは誰か」

主イエスの問いは、すぐれて現代的なものとして私たちの前に置かれています。

第2章　家族だからできること、家族だから気をつけたいこと

前章では家族という制度の歴史を振り返りながら、家族とは何だろうかということについて考えてみました。この章ではより具体的に、家族だからできることや家族でなければできないこと、そして逆に家族だからこそ気をつけねばならないことについて、述べることにします。

読者として想定するのは、精神疾患の患者さんの御家族です。困難な状況の中で複雑な気持ちを抱えながらも、いちばん近くにいる親しいものとして本人の闘病を支えていきたい、そんな思いを抱いていらっしゃる方々、特に親御さんや配偶者を主に考えることにしましょう。

この想定を出発点として、役に立ちそうなことを思いつくまま書いてみます。学術的な根拠にもとづくというよりは一精神科医としての私見が主になりますので、考え違いなどがありましたらどうぞ御指摘ください。

1　家族、このありがたきもの

①　共に喜び、共に泣く

まずは家族の肯定的な側面について考えてみましょう。

家族はかけがえのない存在であり、他の人々では代わることのできない役割を担っていること、これは動かしがたい事実です。楽しみや苦しみを分かち合う長い歴史を共有し、愛憎や葛藤はありながらも理屈抜きに患者さんのことを心配してくれるのが家族です。

「すべての家族がそうであるわけではない、先ほどのYさんの母のような事例もあるではないか」と反論が出そうですが、そのような方はそもそもこの本を手にとったりはしないでしょう。家族としてどうあるべきかと考え、悩みながら本の中にヒントを探すその姿勢が貴重なのです。

そのような存在である家族が患者さんの傍らにいるということ、そのことだけで既に大きなプラスが生じています。回復を祈って傍らにあること、それが関わりの第一歩であり、何にも増して貴重な貢献であること、まずはその点を確認しましょう。

家族研究の専門家から直接聞いた話によれば、東京都のある区の場合、恒常的に一人暮らしをしている単身世帯が全世帯の六割を占めているそうですが、この人々は同居者のある人々に比べて抑うつ傾向がはっきり高いというデータが得られているそうです。生活を共にしてくれる人がいることは、それだけで精神健康度を高めることが、この情報からも分かります。家族なのに何もしてあげることができない、そのように嘆く方は多いのですが、決してそうではありません。「共にいる」という最大の援助を家族は果たしています。

それを裏づけるデータは他にもたくさんあります。統合失調症の予後に影響する因子についての調査では、配偶者のある人のほうが独身の人よりも予後が良いことが証明されていますし、うつ病の治療論の中でも配偶者の存在が予後を大きく左右することが古くから指摘されてきました。家族としての御自身の存在に、自信をもってほしいと思います。自信というよりも、家族として遣わしてくださっている方に信頼を置くといった方が適切でしょうか。

「喜ぶ人と共に喜び、泣く人と共に泣きなさい」（ローマの信徒への手紙 一二・一五）

この金言をあたりまえのこととして実行しているのが、他でもない家族なのです。

②　祈ること

読者のあなたがクリスチャンであれば、きっと闘病中の御家族のために祈っておられることでしょう。病気の癒しを求め、苦難を与えられた意味を問い、魂の平安を願って一生懸命祈られたに違いありません。その祈りが聞かれるように、すべての同信の人々と共に私も祈っています。すぐには祈りが聞かれないようでも神様が祈りを確かに受けとめてくださり、違う場面で答えと導きを与えてくださるよう祈っています。患者さんと御家族が今日一日を乗り越える力が与えられ、未来への展望が開けるよう祈っています。

何もできないように見えるとき、万策尽きたと思われるとき、なお祈ることができるのは信仰の大きな恵みです。信徒に与えられているこの強力な癒しの武器を、どうぞ存分に活用してください。家族が祈ってくれていることが、患者さんにとって支えにならないはずがありません。精神疾患の場合、症状のために本人が祈りたくても祈れない状況に陥っていることも多いでしょう。御本人に代わって祈り、とりなしてあげてください。

クリスチャンではない方にも、「祈る」という営みはぜひお勧めしたいことです。どう祈ったらよいか、誰に対して祈っているのか、難しく考えずにまずは手を合わせて目を閉じ、見えないところにいる神様に向かって心の丈を訴えてみてください。繰り返し祈り続けるうちに、外の世界にでなければ心の中に、きっと何かが起きるはずです。

③　現にできていることを確認しよう

「家族として、何をしたらいいでしょうか」と質問をいただくとき、私はよく「現在はどんなことをしていらっしゃるのですか?」と聞き返します。

そう聞かれて「何もしていません」という人はまずありません。心を砕いて多くのことを工夫し、実行していることが大半です。最近は精神疾患についての情報もずいぶん出回っているので、伺ってみると既に十分良い援助を行っていることが多いのです。それでも、家族であるからこそより良いあり方・やり方を求め、「まだ足りないのではないか」と自身を責めている姿がしばしば痛ましく映ります。話を聞いたうえで、

「とても良いことを現になさっているので、どうぞ安心してお続けください」

そんなふうにお答えすることが実際には多いのです。

「現にできていることを確認する」というのは、認知行動療法の原則でもあります。できていることを維持し拡張していくことの有効性には心理療法の基礎もあるわけです。患者さん自身にもお勧めしたい原則で、これを家族が実行するなら患者さんにも良い影響があるに違いありません。

少し角度を変え、「加点法のススメ」といっても良いかもしれません。試験の結果が七〇点であったとき、「七〇点取れた」と考えるのと「三〇点も減点された」と考えるのとでは、自己効力感に大きな違いが生じるでしょう。毎日繰り返している間には、そうした違いの蓄積は大きなものになっていくに違いありません。向上を求めるうえでは減点法にも良い面がありますが、長丁場の闘病生活やその支援という場面では加点法を基本に置く方が賢明だと思います。

④　ドンマイ！――親しいからこその難しさ

「家族なのに、受容的に話を聞いてあげることができない」といった言葉をよく聞きます。お気持ちはよく分かりますが、少しだけ間違っています。「家族なのに」ではなく、「家族だから」聞くことが難しいのです。

精神科医やカウンセラーは、お話を伺うことが仕事です。それなりに修練し経験も積んでいるからできるのですが、それだけではありません。第一に、私たちは制度や枠によって守られ、同僚と共に仕事をしています。第二に、私たちは時間が来れば診察室を出て、その日聞いた話を忘れることができます。第三に、患者さんの語る話はどんなに共感を働かせたとしても、よその家庭で起きた他人の出来事だから冷静に聞くことができるのです。

これに対して患者さんに対する御家族の関係は、血を分けた者同士としての生身のぶつかり合いであり、終わることなく一日中続き一年中くりかえされるものです。そして何よりも、肉親の問題であるために冷静に聞くことがひどく難しいのです。相手が何か一言言えば、たちどころに心の中で多くの感情が渦巻いて騒ぎます。思ったことをすぐには口に出さないという社会的抑制も、家族の間では働きにくいでしょう。こんな状況で冷静に話を聞くことは、よほどできた人間でない限り無理というものです。

ときどき患者さんが、「こんなによく話を聞いてくださるなんて、先生の奥様はお幸せですね」などとお世辞で（？）おっしゃることがあります。診察室同様、家庭でもつれあいの言葉を受容的に傾聴していると想定しての言葉なのでしょうが、もちろん見当が外れています。精神科医の奥さんの間で語られるジョークがあり、それは「夫の外来に患者として行ってみようかしら、そうすれば私の話も少しは聞いてくれるかもしれない」というものです。

実際、家族の話を冷静に聞くことは相当な難事です。親しいからこそ難しい、家族だからこそうまくいかないということは、ずいぶんいろいろとあるでしょう。そう考えて気を楽にしていただきたいものですが、どうしてもうまくいかない場合はカウンセラーなどに同席してもらって、三者面談を行ってみるのも良い工夫かもしれません。

⑤ 病気になったのは親のせい？

これは非常によく受ける御相談ですが、闘病が長くなるにつれ、患者さんが親御さんを責めるということがしばしば起きるようです。「自分がこんな病気になったのは親のせいだ」ということで、幼いときの育て方や、特定の場面での親の言動を槍玉に挙げ、手厳しく責める様子がしばしば語られます。

これは親としては非常につらいことです。子どもが精神疾患になれば、多くの親は誰に責められるまでもなく「自分のせいではないか」と自問します。そこへ「親のせいだ」と当の患者さんから言われれば、自分を責めるよりほかなくなってしまうでしょう。子どものつらさを自分自身のものとして分け合っているのに、当人から責められたのでは行き場がなくなってしまいます。

実際にはこうした非難は、医者の立場から見れば的外れのことがほとんどです。そもそも精神疾患の中で、もっぱら親の育て方が原因で起きる病気は決して多くありません。そういうケースがないとは言いませんが例外的ですし、そんな場合に親は自分を責めたりしないものです。

統合失調症などは後述のように、かつて親の育て方が原因として疑われたことがありましたが、現在でははっきり否定されています。神経性無食欲症は「女性アイデンティティをめぐる深刻な葛藤」と解釈できる面があり、このため母親との関係が議論されることがよくありますが、これなども病気の症状としてそういう葛藤が起きているということであって、母親との関係が不適切だったからそのような病気になったという意味ではありません。他の疾患についても同様で、「親のせいで病気になった」というのは十中八九、見当外れとしたものです。

こういった非難が出てくる場合、その多くは患者さんの親に対する甘えの裏返しであると私は思います。統合失調症にしろ、双極性障害にしろ、罹患したことについて患者さん自身には何の責任もありません。ゆえなくしてこれら厄介な病気に罹ってしまった恨めしさを、どこにぶつけたらいいか分からない、そんな時に甘えられるのは親しかありません。

一方で親の側を見れば、どんな立派な親でも反省や後悔は多々あるものです。イギリスの精神分析家ウィニコットに言わせれば「適当に失敗するほどほどの母親」こそがよい母親なのですから、親が失敗することは摂理のうちに織り込みずみなのです。けれども精神疾患に罹った子どもがつらそうに親を非難するのを聞けば、それらの失敗が取り返しのつかない過ちのように思えてしまうでしょう。

こういうときは、医師やカウンセラーなど専門家や、身近な信頼できる人に話を聞いてもらうことが役立つだろうと思います。きっと冷静な視点から「子どもさんは甘えているんですよ」と指摘してくれるでしょう。患者さんに対しては、「悪かったことがあったらごめんね、私も一生懸命あなたを育てたのよ」と伝えたらよいと思います。

2 家族ゆえの危険、その対策

① 高EE家族

さて、今度は家族の中に潜む問題点や危険について考えてみましょう。

統合失調症の家族のあり方についてはさまざまな研究がなされており、中でもＥＥに注目した一連の研究は有名です。ＥＥとは英語のexpressed emotion（表出された感情）の略語で、家族が患者に対してどのような感情をどのように表現するかを調べたものです。この研究を創始したBrownらは、①批判的なコメントが多い、②敵意がある、③情緒的に巻き込まれすぎている、という三つの特徴をもつ家族を「高ＥＥ家族」と規定し、高ＥＥ家族ではそうでない家族に比べて統合失調症患者の再燃が著しく生じやすいことを見いだしました。ＥＥに着目した研究はその後日本を含む世界各地で行われ、同様の報告が相次いでいます。

このように言われると、ドキッとする御家族はかなり多いのではないかと思います。「批判的なコメント」にせよ「情緒的な巻き込まれ」にせよ、どのような家庭でも起きかねないものだからです。ただしこの研究は、家族の対応を批判・追及するために行われたわけではありません。その後の報告の中では何が家族の高ＥＥを生むかということが問題とされ、家族がより大きな負担を感じていたり、効果的な社会的サポートを受けられなかったりする場合に、高ＥＥを生じやすいことが指摘されています。高ＥＥを防止するためにも、家族に対する十分な支援が必要となるわけです。

一方、高ＥＥの家族では患者の発症を「患者自身の責任」と考える傾向があるとの報告もあります。高ＥＥの三つの特徴のうちに「敵意」が含まれるのは、家族の態度の指標としては一見あり得ないことのようですが、「こんな厄介な病気にかかるのは本人のせい」であり、「そのために本人ばかりか家族まで苦労する」という誤った認識がある場合には、他ならぬ家族の中に敵意が生じることも十分考えられます。それは当然ながら「否定的なコメント」にもつながるでしょうし、いたずらに否定的な感情を募らせる「情緒的巻き込まれ」の原因ともなるでしょう。

初めは正しい疾患理解をもっていた家族でも、苦労や困難が続くにつれ思わず知らず患者本人を責める気持ちが育ってくることもあるかもしれません。もともとの持ち味として「〜しないとダメじゃないの」式の批判的・否定的なコメントが先行しがちの人もあります。ストレスフルな日常の中で簡単なことではありませんが、批判や情緒的反応の感度を少し下げてのんきで楽天的な味を出すことが、自分にとっても患者に対してもいい影響をもたらすもののようです。「現にできていることを確認する」ことの重要性を先に述べましたが、患者さんに対してもそのようにできたらよいでしょう。

なお、高EE家族の概念は統合失調症研究の中から生まれてきましたが、現在では他の疾患たとえば認知症などについても応用されており、大いに参考になる考え方です。

② スティグマ研究から

スティグマ（stigma）という言葉が、わが国でもしだいに語られるようになっています。スティグマとはもともと「烙印」を意味するギリシア語で、古代社会において奴隷の所有者を示したり、犯罪の受刑者であることを示したりするために、人の肌に刻まれた徴でした。今日では社会学などの領域で、何らかの特徴にもとづいて少数者に貼られるレッテルのことを指して用いられています。ちなみに、この言葉の変わった用例として「聖痕」があり、信心深いクリスチャンの掌や脇腹に十字架の主イエスと同じ釘や槍の傷が現れることをやはりstigmaと呼ぶのです。これは「聖なる烙印」とでも言うべき特殊な用例で、これ以外にスティグマには何ら良い意味はありません。

それどころか、スティグマが偏見や差別と不可分の現象であることは説明するまでもないでしょう。誰であれいったんスティグマを負わされると一連の固定観念や誤解が自動的にその人を覆い、その人の言動は個性によってではなく貼りつけられたレッテルによって評価されるようになります。「ハンセン病」や「朝鮮人」はそうしたレッテルの典型的なものですが、精神疾患の患者もまた長年にわたってスティグマを負わされてきました。これを克服しようとする運動は世界的に広がりつつありますが、まだまだ前途は遼遠です。

スティグマ克服運動の国際的な指導者として有名な、ノーマン・サルトリウスという人物がいます。この人たちが著した書籍を読むと、精神疾患の当事者ばかりでなく、家族もまたスティグマに深く巻き込まれていることが分かります。そしてスティグマに関しては、家族の立場は二重の意味をもっているのです。

第一に、家族もまたスティグマの被害者であることは疑いがありません。精神疾患が遺伝によるという誤解が蔓延していた時代には、そのような遺伝子を伝えた親、それを共有する兄弟姉妹というレッテルが貼られ、家族はひどく肩身の狭い思いをしなければなりませんでした。「遺伝」を「育て方」に言い換えても同じことで、家族の困難は今でも払拭されてはいません。

同時にサルトリウスらの指摘によれば、精神疾患のある人々への調査の結果、他ならぬ家族メンバーからスティグマに基づく差別的な言葉や扱いを受けたとの回答が驚くほど高いのです。カナダにおける大規模調査では、過去一年間にスティグマを感じた場面として最も多いのが家族間、ついで恋愛関係であって、その頻度は職場や学校より高いものとなっています。わが国のデータは手許にありませんが、おそらく大きな違いはないものと思われます。

これらは裏返せば、家族や恋人といった関係が他とは違った親密さをもつことの現れでしょう。親しいからこそ、つい本音が出るということがあります。外に対しては患者をかばい、内にあっては闘病を支える家族の立場は、非常に苦しいものです。親しさゆえにその苦しさが、思わず患者さん本人に向けられてしまうことがあるのではないでしょうか。

高EE研究でも指摘されたとおり、社会的なサポートが十分でないと家族のつらさは増すばかりです。家族内で生まれるスティグマについても、社会全体で対策を講じていかなければなりません。同時に家族としても、まず家族の中からスティグマの解消に努めたいものです。

不用意な一言が思わぬしこりとなって長く残ることは、精神疾患の有無に限らず家族にはありがちのことです。親しいからこそマナーを守り、「塩で味付けされた快い言葉で」（コロサイの信徒への手紙 四・六）語り合うよう心がけましょう。

③　自立の阻害と共依存

精神疾患に限ったことではありませんが、慢性疾患による長期的な闘病を家族が支えるという構図の中で、いつの間にか患者の家族に対する依存関係が成立してしまうことがあります。この場合、患者さん自身が不安や退行のために依存的になるばかりでなく、家族の側が過度に手を出しすぎて患者さんの自立を阻害している場合が少なくありません。

診察の場面でも本人に質問しているのに、本人が答えるより先に、付いてきて同席しているお母さんが答えてしまうことがよくあります。家族の観察や気づきは情報として重要ですが、治療の主役はあくまで本人なのですから、それを尊重することから出発しなければなりません。医療側にパターナリズム（父権主義）の危険があるとすれば、家族の側にはマターナリズム（母性主義）の危険があることを知っておくべきでしょう。家族を大事に思うからこそ生じやすい危険です。

先に「現にできていることを確認しよう」と書きましたが、この種の過干渉を防ぐ意味でもそのことは大事です。「現にできていること」から「もう少しでできそうなこと」へと視野を広げ、患者さんが自分でできることが増えていくのを楽しむ構えが重要です。自分でできることまで周囲がしてしまうのは、決して親切ではなく本人の能力向上と自立を阻害することです。子育ての心得にも通じる適切な自己抑制を、上手に働かせたいものです。

「つい手を出してしまう」心理をさらに深く分析した結果、「共依存」という概念が提唱されていることは御存じの方も多いでしょう。自分に依存してくれる相手の存在を援助者側が必要としており、その意味で援助者もまた援助対象者に依存しているという見方です。そのような場合、援助者は自身の依存心を満たしてくれる相手がいなくならないよう、過剰に手を貸すことによって相手の自立を阻もうとすることすら起きてきます。

御家族だけを責めるつもりはありません。これは私のような職業のものには非常に耳の痛いことなのです。自分を必要としてくれる患者さんの存在は自分の達成感と自尊心を高めてくれますから、相手の自分に対する依存を喜ぶ気持ちは多くの医師の中にあり、私自身の内にもあります。これと戦うことは医療者として重要な心がけで、それだけに御家族の直面する課題はよく察せられます。

共依存については、本シリーズの中の『アルコール・薬物依存症とそのケア』に詳しくわかりやすい解説があるので、御参照ください。

④ どうしたらいいか？

以上に述べたような家族特有の困難や課題を、どのように克服していったらよいでしょうか。まずはこういった問題が、どのような家族にもありうるものだと知っておくことです。互いに思いやり深い家族であればこそ、自立阻止や共依存の危険はどうしても大きくなりがちです。逆に家族メンバーの自立性が高く、日頃からぽんぽん議論を交わすような家族の場合、批判的なコメントが出やすく高ＥＥの危険が大きくなるかもしれません。個人の性格同様、長所と短所は常に裏腹の関係にあるのですから、あらゆる危険から縁遠い絶対安心な家族などあり得ません。それぞれの家庭ではどんなことが起きやすいか、皆で話し合ってみるのもよいでしょう。そのうえで試行錯誤していくことです。失敗したら失敗から学んで成長すればいいのです。

社会資源を適宜活用すること、仲間を見つけて連帯し孤立を避けることも有用な心がけです。

既に多くの疾患について、患者会と並んで家族会が存在します。そういった団体を長年にわたって大きくまとめてきた全家連（全国精神障害者家族会連合会）は二〇〇七年に解散しましたが、後継団体や地域単位の家族会はそれぞれの場所で活発に活動を続けています。そうした既成組織ばかりでなく、個人的な知り合いや仲間のつながりを大切にすることも良いでしょう。家族のネットワークはしばしば有益な情報を与えてくれますし、お互いの心の支えになるという意味で貴重です。もちろん、皆さんの地域にある教会は魂のよりどころとして皆さんを迎えてくれるはずです。

最後に、御家族の皆さん自身の健康を大切にしましょう。患者さんの健康のためだからといって、家族が自分の健康を犠牲にするようでは長続きしません。有効な援助を長く続けられるためにも御自分の健康を大切に、たまには看病のことを忘れてリフレッシュに出かける時間をもちたいものです。

第3章　具体的にどう関わるか

この章では、具体的な関わりのポイントについて考えてみましょう。「彼を知り己を知れば百戦殆《あや》うからず」と『孫子』の兵法にもある通り、闘病に際しても戦う相手を知ることが大事です。最近、精神科医療や心理臨床の領域では、「心理教育（psychoeducation）」の重要性が強調されています。心理教育とは「患者や家族に対して、闘病に必要かつ有効な知識や技法を伝えること」を指します。そんなことは医師をはじめとする医療者の当然の役割ではないかと言いたくなりますが、今になってそれが強調されるのは、こうした情報伝達の重要性が医療の中でこれまで軽視されてきた証拠なのでしょう。

6章・7章でも触れるように、パターナリズム（父権主義）の医療が見直されてインフォームド・コンセントや自己決定を中心とした医療へと変貌を遂げるにつれ、ただ医療行為を行うだけでなく、患者や家族に情報を提供することも医療者の仕事の重要な一部と考えられるようになってきました。それを象徴するのが心理教育です。

心理教育の重要性はもちろん痛感するものの、実を言えば私はこの言葉があまり好きではありません。「医療者が患者や家族を教育する」という、相変わらずのパターナリスティックな構図をそこに感じてしまうからです。とはいえ今日では教育そのものが「教師から学生・生徒へ」という天下り的な情報伝達から、質疑応答やディスカッションを基調とした双方向的なものになりつつあります。従って「心理教育」も同様に医療者と当事者の間での双方向的なやりとりとして考えるべきでしょう。

残念ながら、「本」という器の中では著者から読者への一方的な情報伝達しかできませんが、以下ではできるだけ双方向的なやりとりを念頭に置きながら、紙上での心理教育を試みたいと思います。統合失調症、うつ病、パニック障害を順にとりあげていきましょう。このうちうつ病については、本シリーズのブックレットを引用する形でまとめることにします。(どうやら本書ばかりでなくこのシリーズの全体が、精神疾患に関する心理教育をテーマにしたものといえそうです)

1　統合失調症

病気の概要

統合失調症は決してまれな病気ではなく、発病危険率は〇・七〜〇・八パーセントと言われます。発病危険率とは、平均的な人間が一生の間にその病気にかかる確率の推定値で、誰でもこの病気にかかる確率が一パーセント近くあるということです。

統合失調症は一〇代後半から三〇歳前後までの思春期・青年期に初発することが多く、幻聴や被害妄想などの不可思議な症状（陽性症状）と、自発性や意欲の低下といった症状（陰性症状）を、さまざまな組み合わせで生じます。経過は人によってさまざまですが、陽性症状が急激に悪化する「再燃」の時期を繰り返しながら長い経過をたどることが多いのです。治療せずに放っておくと、再燃を繰り返してはその度に生活機能が低下することを繰り返す、進行性の疾患です。

わが国には二〇一六年現在で三四万床におよぶ精神科の入院病床がありますが、その六〇パーセント近くを占めるのが統合失調症と関連疾患です。以前はもっと高い割合を占めていました。このように入院における比率が格段に高いのは、統合失調症が重い病気である証拠でもありますが、それだけではありません。最近では治療の進歩などの結果、入院の必要ないケースや短期の入院で退院できるケースが増えています。これに対して長期入院を余儀なくされている患者さんの多くは、現在では症状が治まっていて入院を続ける必要がないのに、帰っていく場所がないとか、長年の入院生活のために社会生活への再適応が難しいとか、医療以外の社会的な事情のために退院が実現できないケースです。こういったあり方を「社会的入院」と呼び、その解消が大きな課題とされてきましたが、現実にはなかなか進捗していません。

精神疾患にはさまざまなものがありますが、右に述べたような背景をもつ統合失調症は、特に精神障害者の福祉を考える場合などには常に話題の中心になってきました。近年話題になっているべてるの家の当事者活動にしても、「幻聴さん」対策が当事者研究の主要テーマになっていることから分かるとおり、統合失調症の患者さんたちの自己治療の試みが大きな牽引力になっています。

これほど重要な疾患でありながら、この病気に対する一般の理解はまだまだ不十分で、そのことが治療や社会復帰促進の大きな妨げとなっています。

治療

かつて統合失調症には有効な治療法がありませんでしたが、一九五二年以降さまざまな抗精神病薬が開発され、治療が急速に進歩しました。薬物療法の詳細は第5章を参照してください。そこにもあるとおり抗精神病薬は、①急性期の陽性症状（幻覚や妄想）を抑え、②再燃を予防する効果をもっています。従って、運悪く病気に罹ってしまった場合は一刻も早く薬物療法を開始し、症状を抑えるとともに再燃を予防することが必要です。それさえ円滑に進めば、現在では大多数の患者さんたちが薬を飲みながら社会生活を続け、あるいは社会への再適応を遂げることができるようになっています。

初期の抗精神病薬は錐体外路症状と呼ばれる厄介な副作用がつきもので、長期服用に伴う体の負担が大きな欠点でした。一九九〇年代から用いられるようになった非定型抗精神病薬はこうした副作用がかなり改善されており、その意味でも社会復帰を支える力が向上したものと言えます。

薬物療法を必須の土台として、さまざまな精神療法や支援の枠組みも発達してきました。認知行動療法やＳＳＴ（ソーシャルスキル・トレーニング）はその代表的なもので、狭義の治療ばかりでなく社会復帰援助の技法に大いに活用されています。

残念ながら統合失調症の発症メカニズムや原因はなお十分に解明されておらず、現時点では発病前予防の方法がありません。それだけに、早期診断・早期治療と社会復帰支援が患者さんを援助する際の重要なポイントになります。

御家族へ特に伝えたいこと

(1) 病名変更と最近の社会状況

本章の前の方で精神病者監護法時代の家族の困難について述べましたが、その多くは統合失調症のケースであったと思われます。統合失調症は英語などではschizophrenia（スキゾフレニア）と呼ばれますが、この病名が精神分裂病と訳されていた時代には、患者さんと家族の困難はいっそう大きなものだったでしょう。あたかも精神そのものが空中分解してしまっているかのようなこの病名は、意味としても不正確ですし、そもそも受け入れがたいものでした。病名を伝えれば拒絶反応を引き起こすに決まっていますから、医者の方も本人に病名を伝えることは初めから諦めていたところがありました。私自身も例外ではなく、患者さんの様子を見ながら、「医者の言葉では精神分裂病ということになるけれど、別にあなたの精神が分裂しているという意味ではなくて云々」と、苦しい説明をしていたものです。

患者さんや御家族の長年の訴えがようやく実を結び、アンケート調査などにもとづいて「統合失調症」と病名が変わったのは二〇〇二年でした。これが最善の病名かどうかはさておき、「精神分裂病」に比べればずっと使いやすく、その頃から病名告知もしだいに進むようになったと思われます。ちょうど同じ頃から、「統合失調症という病気そのものが、以前より軽症化しているのではないか」と指摘されるようになりました。まだまだ厳しい状況ではあるものの、二〇世紀中に比べれば事情ははるかに好転しています。勇気をもって患者さんを支えてあげてほしいと思います。

(2) 薬物療法が不可欠

具体的な援助について考える場合、先に述べたとおり統合失調症の治療においては薬物療法が必須であり、抗精神病薬を中止してしまうと再燃のリスクははっきり高まることが証明されています。ですから、服薬援助は御家族の関わりの中でも重要なポイントになるでしょう。統合失調症では、病識すなわち「自分が病気であるという的確な認識」を患者本人がもてない場合も多く、そうなると服薬動機はどうしても低くなり、飲み忘れや怠薬が増えてしまいます。このため御家族が薬を管理し、所定の時間に薬を用意して服薬を促すといったことがしばしば必要になりました。最近では、治療の進歩や軽症化の結果として病識をもてる患者さんも増えてきていますが、なお御家族の援助が必要な場合もあるでしょう。

病識のある患者さんであっても、長年にわたって抗精神病薬を飲み続けるのは決して愉快なことではありません。医者に黙って薬を減らしたり中止したりすることは、多くの患者さんが経験することのようです。「薬を飲みたくない」と患者さんが訴えたら、「飲まなければダメ！」と叱りつけるよりも、まずはなぜそのように感じるのか、気持ちを聞いてあげてください。副作用がつらいのか、薬を飲んでいる限り病人というレッテルから自由になれないと思うからか、あるいは医者に不満があるのか。よく聞いて一緒に考え、医療に関することであれば率直に医者に相談するよう勧めてあげてください。第7章でも述べるように、そういうやりとりには患者さんの自己観察力や表現力を高める意義があって、それ自体りっぱな治療の一環といえます。

(3) 幻覚や妄想をどう受け止めるか

統合失調症の症状の中には、他の病気には見られないような難しさがいろいろとあります。その代表例が「幻覚」と「妄想」ではないでしょうか。実際には存在しない声が聞こえてくる「幻聴」、誰かが自分を迫害・攻撃していると思い込む「妄想」など、いずれも現実に反したことを患者さんは確信しており、あたかも他の人々とは違う世界に住んでいるかのような距離感がそこにできてしまいます。

そんなとき周囲はどう答えたらよいか、患者さんの主張することを「あなたの言っている通りだよ」と肯定すべきか、それとも「そんな声は聞こえないし、誰も迫害したりしていないよ」と否定すべきか。こうした問題に唯一の正解はありそうもなく、ケースバイケースということになるかもしれませんが、サリヴァンというアメリカの精神科医が言い遺したことは参考になりそうです。彼の原則は二つありました。

まず、「事実に反することは肯定しない」ということ。ただ、ことさら否定するのではなく、

「自分には理解できない」ということを、言葉や態度で柔らかく示すようにします。そのうえで、「幻聴や被害妄想にさいなまれている相手の気持ちのつらさに共感する」ことが大切だというのです。

これらを合わせれば、「あなたの言っていることは私にはよく分からないけれど、それではずいぶんつらいねえ」といった言葉になるでしょうか。表現はそれぞれ工夫したらよいでしょう。そして「訴えの内容ではなく、つらさに焦点を合わせる」という構えは、統合失調症以外の精神疾患の援助にあたっても応用の利くものだと思います。

(4) 人生の課題を達成できるように

統合失調症は若いときに発症して慢性化することが多いので、人生の課題の達成が病気のために阻まれてしまうことが起きがちです。私が担当した患者さんの中に、高校時代に発病しながらお母さんの強い反対で医療機関にかかる機会を逸し、他県の大学に合格して下宿生活を始めたのがきっかけで、本格的に調子を崩した女性がありました。この人の場合、薬は意外なほどよく効いて症状は順調に消失したのですが、問題はその後でした。数年ぶりにはっきりした頭で自分の内外を見回した彼女が知ったのは、青春時代に経験すべきこと――友人を作り、恋をし、世界に関心を向け、自分自身を育てていくといった大切な作業を、自分が何一つ達成できていないことでした。その後の彼女は、統合失調症の症状よりも欠落した青春のために、長い時間をかけて深く悩むことになったのです。

統合失調症の急性症状を経験した後の疲弊は、私たちの想像を超えて深いものがあります。「統合失調後抑うつ」と呼ばれる現象があるぐらい、心身の疲労が深いのです。ですから決して無理をさせてはいけませんが、患者さんたちがその都度の人生の課題に直面しながら成長していけるよう、社会との接点をもたせる配慮をしてあげたいものだと思います。

(5) 結婚・出産について

人生の課題と言えば、結婚や出産も大事なテーマです。一昔前でしたら、「精神分裂病」のレッテルはほとんど「結婚は諦める」ことを意味しただろうと思います。そのことに絶望して命を絶った患者さんたちも少なからずありました。現代の社会でこうした悲劇を繰り返すことがあってはなりません。患者さんの生活能力にはかなりの個人差があり、病気でなくとも非婚を選択する人も多いのですから一概に決めつけるべきではありませんが、少なくとも「統合失調症だから結婚できない」などということはありませんし、現に多くの患者さんが結婚して幸せな家庭を築いています。「○○病だから」という天下り式の決めつけではなく、個々の患者さんの望みと現状に従って個別に判断すべきことです。

これに関連して、遺伝の問題にも触れておきましょう。前述の通り統合失調症の原因はわかっていませんが、さまざまな研究の結果を総合すると、遺伝などによる先天的・体質的な素因と、後天的・環境的な要因の双方が関与するらしいのです。要するに遺伝も無関係ではないということですが、遺伝といってもいわゆる血液型のように単純明快な話ではありません。統合失調症の発症に関与する遺伝子はどうやら複数（おそらくは多数）あるらしく、それらの遺伝子を多くもつ人は発症の確率が高まるようですが、それ以上くわしいことは分かっていません。家系調査などをしてみると、時として統合失調症の患者さんが著しく多発する家系もありますけれども、それは例外的なもので、実際には「どんな家系のもとでも一定の頻度で起きてくる」と考える方がはるかに現実的です。

「病気の遺伝子を伝えないよう、子どもは残さない」といった発想をどう考えるかは微妙で難しい問題ですが、少なくとも統合失調症の患者一般に対してそのような自制を要求するのは、間違っていると私は思います。良い縁に恵まれたらごく自然に家庭をもち、子どもを授かったら感謝して出産してほしいと願うものです。

出産に際しては、服用薬剤の子どもに対する影響が気になりますが、幸い抗精神病薬には顕著な催奇形性をもつものがほとんどなく、比較的安心して服用を続けられます。むしろベンゾジアゼピン系の抗不安薬（第５章参照）のほうが、特に妊娠後期に関しては懸念があります。こうしたことについては、担当の医師によく相談に乗ってもらいましょう。

(6) 病気になったのは親の責任か？

前項で述べたことは、親御さんからよくいただく質問の答えにもなっているでしょう。

「子どもが統合失調症になったのは、親の責任なのでしょうか？」

という古くて新しい質問です。

遺伝ということに関しては右に記したとおり、親御さんが責任を感じるいわれはありません。育て方に関しては、かつて一九五〇年代のアメリカで大きな議論がありました。乳幼児期に母親との愛着形成がうまくいかないために統合失調症が起きるのではないかという視点からいくつかの仮説が出され、一時はかなり有力と考えられたのです。しかしその後の研究の結果これらはすべて否定され、今日では誤った育て方から統合失調症が起きると考える人はいません。「親の責任ではないか」という疑いは、安心して捨て去っていただきたいと思います。

注意すべきことがあるとしたら、むしろ発症後の対応のほうでしょう。先に述べた「高EE家族」の問題もありますし、子どもを抱え込んで自立を阻害してしまうことも統合失調症では得ておきやすいようです。ツボは押さえながらも、どちらかといえば呑気《のんき》であっけらかんとした親御さんのほうが、患者さんとしてはやりやすいのではないでしょうか。心配したくなる親心は痛いほど分かりますが、健康を取り戻そうとする本人の力を信頼し、過保護に陥らないよう気をつけたいものです。

(7) 家族自身の健康を大切にする

当事者活動や家族会を通して仲間を見つけ、互いに支え合おうということを先に書きましたが、このことは統合失調症のように半生にわたる長丁場になりかねない病気の場合、とりわけ重要なことです。あわせて、患者さんを見守る家族の健康にも十分留意してほしいと思います。配慮が豊かで熱意が強い家族ほど、患者の世話が生活のすべてという状態に陥りがちです。その結果として家族が健康を損なってしまったら、結局患者さんにしわ寄せがいくことになるでしょう。そうならないためにも家族自身の健康を大切にしましょう。ストレス解消も重要なことで、忙しい中でも自分自身のために時間を作り、日頃の労苦を自らねぎらっていただきたいものです。

2　うつ病

『うつ病とそのケア』から

うつ病に関しては毎日のように多くの情報が流布されており、皆さんも何らかのイメージをもっておられることと思います。

本シリーズに『うつ病とそのケア』（山中正雄著）という好著があり、非常によくまとまっているのでぜひ御一読いただきたいと思います。実のところ、前項の統合失調症と同じやり方でうつ病についてまとめることを計画していたのですが、読み返してみると必要なことはすべて同書に書かれていました。特に家族としての関わりのあり方や、うつ病の原因と家族との関連について丁寧に論じられているのが同書の特徴です。

そこでここでは新たに論を立てる代わりに、同書の一部分から小見出しだけを引用してみましょう。第8章の「うつ病との関わり方」がその部分です。

まずは、うつ状態に陥った本人の過ごし方として、以下のことが勧められています。

a「うつ」に気づくこと

b　気軽に精神科を受診すること
c　服薬は少量から始めるのがよいこと
d　ゆっくり休むこと
e　もう無理はしないこと
f　あせりは禁物であること
g　援助者と共に進むこと

次いで、これを受ける形で家族など周りの人々の接し方が述べられています。

a　病気として認めること
b　叱咤激励はしないこと
c　無理に気分転換をさせないこと
d　仕事や勉強は二の次にさせること
e　重大な決定はさせないこと
f　自殺に注意すること
g　寄り添い続けること
h　回復の情報を共有すること
i　みんなで社会復帰をはかること
j　趣味をもてるように援助すること

ここに述べられたことはまったく同感で、こうして小見出しを眺めているだけで関わり方の全容が伝わってくるように思われます。同時にこうして読み返してみると、本人への勧めと家族など周囲への勧めとが、よく対応していることがわかります。

たとえば、「本人が〝うつ〟に気づく」ことと、「家族が病気と認める」ことは、同じ事柄の両面といえるでしょう。本人が「ゆっくり休む」よう心がけることと、家族が「無理に気分転換をさせず、仕事や勉強は二の次にさせる」よう努めることも、同様によく一致します。うつ病に限らず、病気の養生にあたってはこのように本人と周囲が足並みを揃えることがたいせつです。足並みを揃える努力や配慮は、闘病で精一杯の本人にはなかなかできないことですから、周りの人間が率先して心がけるようにしたいものだと思います。

それにつけても、病気について正しい理解をもつことの大切さが痛感されます。チェーホフの小説の中で、登場人物が自分の額を叩きながらこんなふうに語る場面があります。

「ぼくは中学時代、腸チフスにかかったとき、叔母がかわいそうだと言ってキノコの酢漬けを食べさせてくれて、おかげであやうく死ぬところだった。人間への愛は心や胃や腰にあるんじゃない、ここになければならないのだよ」（チェーホフ『決闘』小笠原豊樹訳、新潮文庫版から）

愛がもっぱら頭（知性）に宿るかどうかはさておき、闘病への援助にあたっては正しい知識や理解があってこそ、家族の愛も良い実りを結ぶことは確かでしょう。このシリーズがそのようなお役に立つことを願う次第です。

うつの多様性に要注意

うつ病の「正しい理解」にこと寄せてひとつ付記しておきましょう。前掲書の著者・山中先生も述べておられることですが、特に注意が必要なことなので再論します。

現在では、うつ病の診断は症状に従って行われます。アメリカ精神医学会が発行した診断基準で、世界的に広く用いられているDSM（『精神疾患の診断・統計マニュアル』）は「抑うつ気分」「興味・関心の喪失」など九項目の症状を挙げ、そのうち五項目が認められれば「抑うつエピソード」と診断することにしています。これはこれですっきりしたものですが、その人がなぜ抑うつエピソードに陥ったかという原因や背景を問題にしていない点は、注意が必要です。

実際には人はさまざまな事情からうつ病になります。一方では身体疾患を背景にしたうつ病があり、たとえば脳梗塞などの脳血管障害のため脳の働きが変調を起こしてうつ病になるといった例が挙げられます。他方では、強いストレス体験や日常的なストレスの蓄積の結果としてうつ病を発症する場合もあるでしょう。さらには本人の認知のクセのために自ら自責感を高めたり、パーソナリティの問題のために人間関係のトラブルをくり返したりして、うつの原因を自ら作りだしているケースも多々あります。

これらは原因や背景がある程度はっきりしているケースですが、中には特につらい経験も身体的な不調もないのに、ひとりでに気分が滅入ってしまうといった型のうつ病もあります。こういった場合は脳の中で原因不明の機能変調が起きているものと考えられ、この型のうつ病を内因性うつ病と呼びます。

ことほど左様にうつ病の原因・背景は多彩なのですが、それをここで強調するのは、原因が違えば当然ながら対処も違ってくるからです。抑うつ症状が取れるまでは休養が必要であること、休養の効果を高めるために抗うつ薬が有効であること、これらはどんな型のうつ病でもほぼ共通の治療原則ですが、より長期的な視点から根本的な治療方針を考えようとすると大きな違いが出てきます。

なかでも重要なのは、きっかけや背景となったストレス因の有無でしょう。たとえば職場の構造的な問題から生じた過剰労働が原因になっている場合、休養してうつ病から回復したからといって同じ職場に戻して同じやり方で勤務させれば、早晩同じことが繰り返される公算は非常に大きくなります。本人の認知のクセやパーソナリティの問題が一因であるなら、これを修正しなければ解決にはなりません。これに対して、きっかけや背景のはっきりしない内因性うつ病の場合は、休養と服薬によって脳の機能の回復を待つ以外に方法はなく、むやみに原因探しをするのは見当外れのエネルギー浪費に終わる可能性が大きいのです。うつ病の診断は症状だけでできるとしても、治療や予防の長期展望をもつためには原因や背景について検討することが必須であるのは、このためです。

厄介なことに一九八〇—九〇年代にＤＳＭが導入されてから、うつ病の概念に変化が生じつつあります。クレペリン以来の伝統的な精神病理学の中で、「うつ病」といえば主として内因性のもの、つまり了解できる心理的な原因やきっかけなしにひとりでに気分が沈んでいくタイプのものを指しました。これに対して、ストレスの蓄積によって心が折れるタイプのものは、「抑うつ反応」「反応性うつ病」などと呼んで微妙に区別していたのです。前者が正真正銘の病気、後者は過剰なストレッサーに対するある意味で自然な反応と理解されたのでしょう。そして、うつ病の精神病理学や治療理論は主として前者の内因性うつ病を対象として発展してきました。笠原《かさはら》嘉《よみし》氏の考案した七項目の「うつ病の小精神療法」などはその典型で、私たちの年代の精神科医はまずこれを学んだものです。事実これは、うつ病臨床の経験知を盛り込んだ非常に優れたものですが、内因性とは違ったタイプのうつ病の患者さんには、そのまま使うことのできない内容が含まれています。

たとえば「重要な決定はうつ病から回復するまで先延ばしする」という有名な一項目があります。抑うつ状態のさなかには自己評価が著しく低下しており自責的になっているので退職や離婚を考えがちですが、それをそのまま実行に移せば後で悔やむことが目に見えています。かといって病気の最中に押し問答するわけにもいかないので、「そういう大事なことは、病気が治ってからゆっくりお考えください。今は療養に専念しましょう」という具合に先延ばしさせるのが賢明だということです。

この勧めは内因性うつ病の患者さんと対するときには真に至言と納得されますが、これとは違って回避的あるいは依存的なパーソナリティが背景にあり、ともすれば病気に逃げ込みがちな傾向のあるような患者さんに語る言葉としては、少々問題です。「重要な決定は先延ばしに」などと勧めたら、課題を永久に先延ばしにしてしまうかもしれません。

そういうわけで、うつ病の治療にあたっては目の前の患者さんがどのようなタイプの「うつ」

なのか、どのような事情や背景があって「うつ」に陥ったのかをきちんと評価する必要があります。もちろん簡単なことではありませんので、医師やカウンセラーに相談に乗ってもらうのがよいでしょう。世間で流布されている情報には、この点に関する注釈なしに「およそうつ病というものは」と十把一絡げにするものが多いので、注意を促しておく次第です。

3　パニック障害

以上、統合失調症とうつ病をとりあげて注意したいことを述べてみました。読んでみて、両者には共通することがたくさんあると感じられたのではないでしょうか。実際その通りで、その多くは他の精神疾患にも通じ、応用が利くはずです。もちろん、一方ではそれぞれの疾患に固有の事情もありますから、特にそういったポイントについて担当医から説明を受けるとよいでしょう。何をしたらよいかということとともに、避けたいことやすべきでないこと（たとえば、うつ病の患者さんに気分転換の旅行や外出を無理強いすること）も大切です。それさえ押さえれば、家族として共にあること自体が何よりの援助であるのは、前述の通りです。

具体的な例として最後にもうひとつ、パニック障害について簡単にまとめておきましょう。

パニック障害は、突発的なパニック発作（激しい動悸、呼吸困難、めまいなど）が反復して起きる病気です。初発時は心臓発作の疑いで救急搬送されることが多いのですが、病院に着く頃にはパニック発作が治まっており、それから調べても身体的な異常は何もないのが普通です。パニック発作自体もつらいものですが、発作が起きたらどうしようかという不安（予期不安）や、発作が起きたときに逃げ出せない状況への恐れ（広場恐怖）が併発し、このために電車やバスに乗れなくなって日常生活が支障をきたすとなおさら大変で、そこから本格的なうつ病に陥ってしまう場合もあります。

パニック障害はこのように厄介な病気で原因もよく分かっていませんが、幸い薬物療法で発作を抑えることができます。以前は抗不安薬を使うことが多かったのですが、現在では一部の抗うつ薬にパニック発作を阻止する効果があることがわかっており、安全な薬物療法の幅が広がりました。薬物療法とあわせて認知行動療法や生活調整を行うことで、大半のケースは健康な生活をとりもどすことが見込まれます。

家族として大事なことは、まずこの病気のつらさを理解してあげることです。発作時以外は健康時と変わりがないので見た目では分からず、職場などで「怠け」と誤解されるケースも多いので、家族の理解はなおさら貴重です。

右に述べたとおり有効な治療法があるのですが、その効果を高めるためには早期診断・早期治療がきわめて重要です。勇気をもって医者にかかり、治療を続けるよう励ましてあげましょう。

また「電車などに乗れない」という広場恐怖の症状は、信頼できる家族の同伴があることで格段に軽減することが普通です。通院などの際に付き添ってあげることも貴重な助けですし、薬物療法でパニック発作を抑えた後、乗り物や外出への不安を克服していく認知行動療法の段階でも、家族同伴から始めて徐々に単独に切り替えるといった工夫が役立つでしょう。自転車の補助輪のような役割と言えるかもしれません。

過労や睡眠不足、深酒、不規則な生活習慣などは、パニック障害の直接の原因とはいえないとしても背景として無視できません。パニック障害をきっかけととらえて、家族ぐるみで生活習慣を見直してみることも有益でしょう。

4　その他の疾患、特に依存症やパーソナリティ障害について

精神疾患と一口に言っても、実際にはその中に多彩なものが含まれています。それぞれの病気について医師から教わり、自分でも情報を集めながら対応を工夫していけばよいのですが、中には家族のあり方に関して他の疾患とは違った特別な注意が必要なものもあります。

その一例が、アルコール依存症をはじめとする各種の依存症です。統合失調症やパニック障害などは、もともと元気であった人があるとき病気にかかるもので、そういう意味では肺炎や胃潰瘍といった身体疾患と変わらず、病気として理解しやすいものです。これに対してアルコール依存症は、そもそも「お酒を飲む」という本人の行動がなければ病気は起きません。アルコール依存症も治療を必要とする病気であり、本人の行動や性格を批判することでは解決にならないのですが、飲酒という本人の行動が病気の一因を為していることは事実であり、そこに統合失調症やパニック障害とは根本的に違った一面があります。そのことだけでも患者に対する家族の思いは複雑なものになりますし、飲酒習慣が家族の中で身についてきた場合や、家族内のストレスが飲

酒の一因になっている場合などはなおさら困難が増すでしょう。否認と呼ばれる心理機制のために本人が自分の病気を認めない場合に家族はどうすべきか、共依存の問題にどう対処したらよいかなど、依存症をめぐる家族の葛藤は特有の難しさに満ちています。

そういう事情がありますので、依存症に関してはシリーズの中の『アルコール・薬物依存症とそのケア』（谷口万稚著）をぜひお読みいただきたいと思います。冒頭から全巻を通して家族の課題とあり方が丁寧に扱われていますので、必ずお役に立つことでしょう。

パーソナリティ障害は「飲酒」や「薬物服用」に相当する本人の行動が介在しているわけではありませんが、パーソナリティの形成過程と家族・家庭のあり方とはきわめて密接な関係にあり、やはり一筋縄ではいきません。こちらは『パーソナリティー障害とそのケア』（藤堂宗継著、仮題、二〇一七年刊行予定）を御参照ください。シリーズの他のブックレットも随所で家族のあり方に触れていますので、それぞれ御参照いただきたいと思います。

第４章　薬をなぜ飲むか、どうして効くのか

ここからは視点を変えて、精神科で処方される薬のことや薬物療法について見ていくことにします。少々むずかしい言葉や理屈も出てきますが、ある程度の知識理解をもっておくと治療の見通しがよくなることが多いので、へこたれずに行を追ってみてください。

1　なぜ薬を飲むのか

服薬をめぐる不安

精神疾患の治療において、薬は今では欠かせないものになっています。後で述べるように疾患によっていろいろと違いもありますし、日本の医者は薬を出しすぎるのではないかとの批判もありますが、薬物療法が精神療法（心理療法）と並ぶ精神科治療の大きな柱であることは、世界的な常識と言って差し支えないでしょう。

けれども皆さんの中には、疑問や不安もあるのではないかと思います。一般論として精神科薬物療法の有効性を認めるとしても、いざ自分が薬を飲むとなると抵抗も湧いてくるでしょう。事実、「自分の考えや感情を薬で左右されるのは嫌だ」といった具合に不信を露にする人もありますし、それほどでなくとも、「できれば薬には頼りたくない」と初診時に語る人は少なくありません。

これは当然のことだと思います。自分の精神状態に影響を与える薬（向精神薬）を飲みくだすのは、誰にとっても不安に満ちた体験であり決して楽しいこととは言えないでしょう。それが当然というもので、向精神薬を飲むことに初めから抵抗がなく、むしろ楽しいなどという人があったら——一部には確かにあるのですが——そのほうが精神医学的には心配です。不安を乗り越えるだけの理由と励ましがなければ、薬など怖くて飲めたものではありません。必要に応じて理由を説明し励ましを与えるのが、医者の大切な役割であると思います。

薬について知ることの効用

医者のことを「くすし」と呼んだ昔から、薬を処方するのは医者の大事な仕事でした。この事情は今も変わらず、適切な薬を適切に処方するのは医者の責務でもあり専権事項でもあります。広く医者一般についていえば、「薬」のほかに「手術」というもう一つの専権事項がありますが、現在の精神科医療ではほとんど手術は行われませんから、なおのこと「薬」のもつ意味は大きいといえます。それだけに、薬を処方される側としてもある程度の知識をもっておくことが望ましいでしょう。殊にパターナリズムの医療が当事者の自己決定にもとづく医療へと変わりつつある現代においては、自分が飲んでいる薬について知ろうと努力することが、患者側にも求められています。（パターナリズムや自己決定については、第6章であらためて述べます）

これも第6・7章のテーマに関わることですが、患者や家族が薬について知る努力をすることは、医者との関係を健全に保つためにも有用であると私は思います。もちろん、適切な薬を選ぶのもその功罪を説明するのも医者の仕事ですが、聞き手の理解力や予備知識が豊かであれば説明はより有効なものになりますし、説明する医者のモチベーションも上がるでしょう。医者の側も良い意味での緊張感が生じ、「いいかげんな説明はできない」と背筋を伸ばすことになるでしょう。精神科の患者さんは、病気の症状のために一時的または永続的に理解力が落ちていることもありますが、だからといって医者は説明を軽んじるべきではありませんし、患者さんの側も可能な範囲内で薬についての理解を深めるよう心がけたいものです。そのことが翻って、医者と患者の間のコミュニケーションを豊かにすることにつながるはずです。

薬の危険と副作用

脅かすわけではありませんが、薬についての知識や理解をもつことが望ましいという大きな理由は、そもそも薬が危険をはらむ物質だからです。

学生時代に印象深いできごとがありました。「臨床薬理学」という講義の冒頭で、強面の担当教授が私たち学生一同に向かって「ノートに『くすり』と書いてみろ」と命じたのです。

「書きました」

「漢字じゃない、カタカナで書くんだ」

「ク・ス・リ」

「書いたか」

「書きました」

「反対から読んでみろ」

「リ・ス・ク」

「わかったか」

まるで落語のようですが、薬にはリスク（risk 危険）がつきものであることを、先生はことの初めに私たちに教えてくださったのです。

事実、薬には危険がつきものです。副作用がない薬というものは、実際には存在しないと考えた方がよいでしょう。薬の作用はそもそも両刃の剣であり、それが生体に与える影響のうち都合のよいものを主作用、都合の悪いものを副作用と呼んでいるだけです。効果のある薬は副作用もあるのが当然で、副作用のない薬は効果もないぐらいに考えた方がよいでしょう。ときどき「漢方薬には副作用がない」と思い込んでいる人に出会うことがありますが、これは大きな勘違いです。漢方薬は西洋医薬とは違った発想で作られており、処方にあたっても飲む人の体質（証）によって使い分けるといった独特の治療論をもっています。ですから西洋医学の発想に慣れた私たちの意表を突くような効果を現すことがありますが、医薬品であることには違いがありません。

副作用があるのは当然のことですし、時として危険な副作用も生じうることは、たとえば小柴胡《しょうさいこ》湯《とう》と呼ばれる漢方薬が間質性肺炎という厄介な病気を引き起こして問題になった例などからも知ることができます。市販薬やサプリメントにしても同じことで、本当に効くほどの薬であれば、それなりの副作用があると考えるのが当然です。

余談になりますが、最初に開発された抗うつ薬である三環系抗うつ薬のイミプラミン（トフラニール）は副作用として排尿障害を起こすことが知られています。これを逆手にとって夜尿症の治療に用いることが最近まで行われていました。これなどは、主作用と副作用が便宜的な違いでしかないことを象徴的に表しています。あまり神経質になると必要な薬も飲めなくなってしまうので考えものですが、常に「作用」と「副作用」をあわせて考える習慣は身につけておきたいものです。

リスクを承知で薬を飲む理由

そのように副作用をあわせもつ危険な物質である「薬」をなぜ飲むかといえば、それは主作用によって期待される利益や恩恵が、副作用の害よりも大きいと予測されるからです。そういう意味で薬を処方しこれを服用することには、いつでもプラスとマイナスの比較考量が伴っています。損得勘定といっても良いでしょう。そしてこの損得勘定の具体的なありようは、精神疾患の種類によってかなり大きく違ってきます。

たとえば、その薬によって期待される効果がきわめて大きく、薬以外の手段では同様の効果が望めない場合、少々の副作用には目をつぶって服用を続けることが望まれます。これに対して薬の有効性が限られたものであるとか、他の代替的手段があるとかいった場合には、比較的軽微な副作用であってもそのマイナスを重視することになるかもしれません。

具体的な例を挙げるなら、統合失調症に対する抗精神病薬治療などは前者、すなわち期待される効果がきわめて大きく、他に代わる手段がないケースの典型例です。中等度以上のうつ病に対する抗うつ薬、双極性障害に対する気分安定薬なども、これに近い意義をもっています。パニック障害の治療においても、苦しいパニック発作を薬物療法によって抑えることが重要ですが、薬の選択に関しては後述のように注意する必要があります。

以上の例はいずれも薬の有効性が確認されており、また薬を使えばほぼ確実に何らかの効果が期待されるもので、いわばプラスの側面がはっきりしている疾患群です。これに対して、プラスがそれほどはっきりしない場合もあります。強迫性障害に対する抗うつ薬治療などはその一例でしょう。強迫性障害の一部に対して、クロミプラミンやSSRIなどの抗うつ薬が有効であることが分かっています。ただし、全ての患者さんに効くわけではなく、はっきりと効果があるのは六割程度とされており、個々の患者さんに効くかどうかはやってみないとわかりません。強迫性障害の症状は苦しいものですから、一度は試してみる意味があるでしょうが、副作用が出た場合にも服用を続けるのが良いかどうかは、個々のケースで判断するしかありません。強迫性障害に対しては行動療法の有効性が証明されており、むしろこちらを治療の本筋と考え、薬物療法は時として有効な補助的療法と位置づけるほうが穏当でしょう。

それでも強迫性障害に対する抗うつ薬治療は、少なくとも一部の患者さんに対する効果が客観的なデータで証明されていますから、選択肢としては立派なものです。しかし、もっとはっきりしないケースが精神科医療の中にはたくさんあります。そのキーワードのひとつは「不安」でしょう。不安という感情は不快なものですが、身体的な痛みと同じく不快であるがゆえに必要な警戒信号として大事な役割を担っています。不安が質的に異常であったり、量的に過剰であったりする時に治療が必要になるのですが、不安に陥ることを避けようとするあまり、薬剤に頼りすぎることがしばしば生じているように思われます。

たとえば患者さんが不安を訴える時、その原因や背景を丁寧に聞き取って対策を考えることを面倒に感じたり、不安からの解放を性急に求める患者さんの訴えに気圧されたりして、とりあえず軽い気持ちで抗不安薬を処方するということが、特に忙しい現場ではありがちのように思われます。それを可能にしたのはベンゾジアゼピン系薬剤の開発で、この種類の抗不安薬や睡眠薬は前世代のバルビツール酸系の睡眠薬に比べてはるかに安全性が高く、開発当時はもてはやされたものでした。この安全性と手軽さが逆に災いし、抗不安薬や睡眠薬が過剰に処方されるという皮肉な経緯が特に日本では目立っています。後に述べる「常用量依存（治療用量依存）」の問題もあり、今後はベンゾジアゼピン系薬剤の処方をもっと慎重にすべきことが、医師に対して求められています。

本題に戻っていうなら、不安症状を示す患者さんに対する抗不安薬の処方は、その必要性をよく吟味してから行うべきですし、副作用や依存性というマイナスを考慮するとき、結果が赤字になること、すなわちマイナスの方が大きいと考えて処方を控えるべきケースもままあるものと思われます。（睡眠薬についても、事情はほぼ同じです）

危険を考慮したうえでなお薬を処方／服用するかどうかについては、疾患や薬剤の特性によってさまざまな判断があり得ることが、分かっていただけたでしょうか。薬はまさに両刃の剣、自分自身を斬ってしまわないよう正しく用いることが重要なのです。

2 向精神薬の歴史

向精神薬開発の歴史

個々の向精神薬について説明する前に、向精神薬の歴史を簡単に振り返ってみましょう。心の悩みや気の病に対して有効な薬を求めることは、非常に古い時代に始まる営みではないかと想像されます。飲茶や薫香の習慣には気もちを落ち着ける効果が期待されたことでしょうし、実際、お茶やコーヒーに含まれるカフェインには精神活動を刺激して集中力を高める効果があり、香の成分や作用は謎が多いままにアロマテラピーの形で現代に引き継がれています。

先に「薬は両刃の剣」と述べましたが、それはこのような嗜癖物質に関しても同じことで、お茶を飲み過ぎて眠れなくなった経験は多くの人がもっていることでしょう。酒などはその功徳も害悪も歴史と共に古く、アヘンやコカインなど麻薬に属する物質も同様に古くから知られ、その医療応用もしばしば試みられてきたようです。

薬草の知識は、ヨーロッパでは修道院、日本では仏教寺院などの施設や、民間の手で少しずつ蓄積されていきましたが、歴史の中ではつい最近まで明らかな効果をもつ向精神薬に結実することはありませんでした。近現代に入っても事情はあまり変わらず、またしてもチェーホフの小説ですが、主人公が以下のような言葉を語る場面があります。

「なぜあんた方は、ぼくを治療したりしたのか。臭素（ブロム）の薬、無為の生活、温浴、監視、そういういろんなことが、結局ぼくをダメにしてしまった」

（チェーホフ著、小笠原豊樹訳『黒衣の僧』新潮文庫版、一部改変）

チェーホフは医師でもありましたから、臭素を使った薬物療法は一九世紀末の精神科医療の現実を反映したものと考えられますが、たいした効果が期待できるものではなかったのです。一九世紀には気分安定薬として現在使われているリチウム元素が発見され、精神症状に対する効果も観察されているようですが、本格的な治療にはつながりませんでした。

二〇世紀に入ると科学の急速な進歩を背景として、いくつかの薬が発明されるようになります。一九一一年にバルビツール酸の一種であるフェノバルビタールが発明されました。現在でもフェノバールという商品名の元に市販されているものです。バルビツール酸に属する物質は脳の神経細胞に対する強い抑制効果をもち、睡眠薬や抗てんかん薬として重用されましたが、過量に服用すると死に至る危険があり、自殺目的で使われることもずいぶんあったようです。

私が医師になった一九八〇年代は、日本ではちょうどバルビツール酸系の薬剤がベンゾジアゼピン系の薬剤に置き換わる移行期にあたり、先輩達の苦労話を聞くことができました。うつ病には不眠がつきものですので、その対策としてバルビツール酸系の睡眠薬を処方することはよくあったのです。しかし、たとえば二週間分の睡眠薬を処方した場合、仮に次の診察までに具合が悪くなって希死念慮が募り、処方された睡眠薬をまとめ飲みするようなことがあれば、命に関わります。それだけに処方する側には細心の注意が必要でしたし、次に来院するまでの確かな見通しや、抑うつ気分が募った場合の対策などをよく検討してから処方せねばなりませんでした。「安全なベンゾジアゼピンが出てきて処方は楽になったが、その分、みたてが甘くなるようではいけない」と自戒を込めて先輩医師が語っていたものです。

精神科の薬物療法に決定的な転機が訪れたのは、二〇世紀も半ばを過ぎた一九五二年のことでした。この年フランスで開発されたクロルプロマジンという薬物は、統合失調症でみられる幻覚や妄想を改善する効果をもつことが立証されました。これは偶然の賜物で、そもそもクロルプロマジンは麻酔薬の候補として開発されたのですが、麻酔薬としてはほとんど役に立たなかったのです。ところが、治験の様子を見ていた麻酔科医が、麻酔には使えなくとも精神疾患の治療には役立つかもしれないと考え、知人の精神科医にそのことを伝えたのです。実際に試してみたところ、クロルプロマジンは医師らの予想をはるかに超える著効を示してみせたのでした。

それまで統合失調症は不治の難病とされ、膨大な数の患者さんたちを苦しめてきました。その病気の中核症状である幻覚や妄想が、ただ一種類の薬の服用によって改善し消退するという知らせは、おそらく簡単には信じられなかったことと思います。しかし論より証拠で、このニュースは瞬く間に世界の精神科医療現場に伝わり、二～三年のうちにわが国を含む世界中で使われるようになりました。クロルプロマジンをベースにした薬や、これとは別の構造をもつ薬も続々と開発され、統合失調症の治療に応用されるようになります。

これに刺激されたかのように、うつ病に対する抗うつ薬、不安症状を改善する抗不安薬、不眠を治療する睡眠薬、てんかん発作を抑える抗てんかん薬などが次々と開発され、今日に至る精神科薬物療法の発展が始まったのです。

クロルプロマジン革命

中でも、クロルプロマジンをはじめとする抗精神病薬が開発されたことは、まさしく革命と呼んでよいほどの影響を歴史に記しました。それは第3章で述べたような、統合失調症の特徴と意味を考えれば分かることです。二〇一六年現在、わが国には三〇万人あまりの精神科入院患者が存在しますが、その六〇パーセント近くは統合失調症とその関連疾患によるものです。一九五二年当時はこの比率はもっと高く三分の二程度であったと考えられ、しかも世界的にみて同様の傾向がありました。それだけ頻度も重症度も高いのが統合失調症という病気だったのです。

クロルプロマジンをはじめとする抗精神病薬は、そのような統合失調症の予後を決定的に変えました。発症当初の急性期に速やかに薬物治療を行うことにより、大半の患者は寛解状態に達することができ、慢性症状や生活機能の減損は小さく抑えられるようになりました。さらに抗精神病薬の維持服用を続けることによって、統合失調症の再燃を予防する効果が期待されます。症状を軽く抑え、再燃を予防することができるのであれば、漫然と入院を続けている必要は何もない

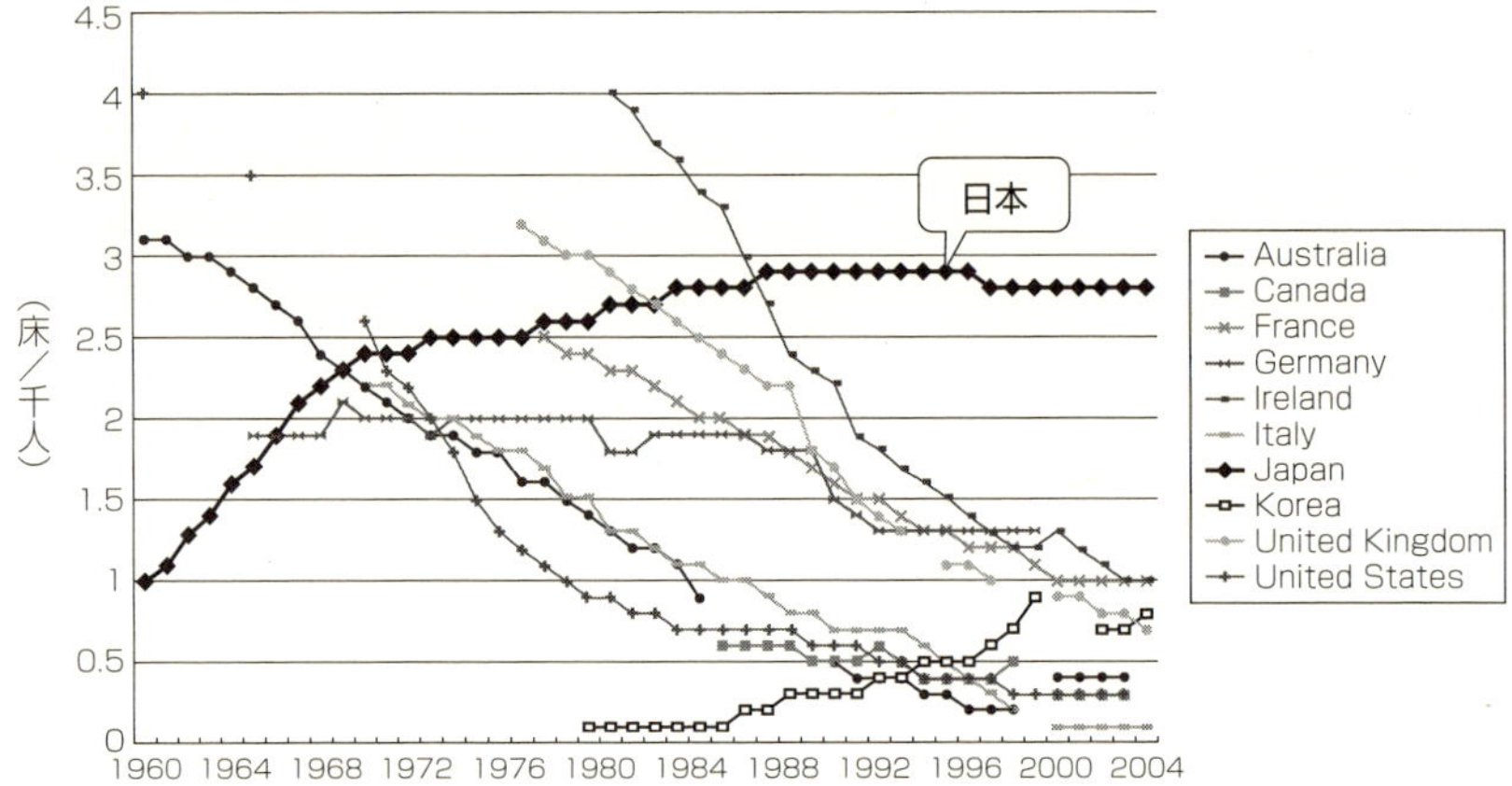

資料：OECD Health Data 2002（1999年以前のデータ）
OECD Health Data 2007（2000年以降のデータ）

図１　各国の精神科病床数の推移

でしょう。外来通院と服薬を続けさえすれば、大半の患者は病院ではなく、家庭や地域で生活することができるのです。

これが、多くの先進国で実際に起きたことでした（図１）。多少の時間的な前後はあるものの、クロルプロマジンが開発された一九五二年を境にして、欧米諸国ではみるみる精神科の病床数が減っていきました。それまでは、人口割合にしてちょうど現在の日本と同水準の精神科病床が存在したのです。それがここ半世紀あまりの間に桁違いに減りました。減った分は外来に移ったわけですから、このグラフは入院病棟中心の精神科医療が、地域に密着した精神科医療に転換していくありさまを、如実に示すものと言えます。それを可能にする治療上の進歩をもたらしたのがクロルプロマジンなのですから、これをクロルプロマジン革命と呼ぶことには理由のあることがお分かりいただけるでしょう。

ただ、このグラフで欧米先進国の流れと逆行する歩みを示している国が一つあります。日本です。わが国では一九五〇年代から六〇年代にかけて、強い政策誘導のもとに精神科病院の建設ラッシュが現出しました。その流れが半世紀にわたって続き、半世紀前の欧米の水準に到達したところで初めてグラフが反転し、二一世紀に入ってようやくゆるやかな減少が始まりつつあります。クロルプロマジンを導入したのは諸外国同様に早かったのに、入院医療から地域医療への転換はほぼ半世紀遅れました。そして現在、日本の精神科医療は平均在院日数が飛び抜けて長いことで、しばしば批判を受けています。

なぜそんなことになったのか、それを詳しく考えることはまた別の機会に譲りましょう。クロルプロマジンをはじめとする抗精神病薬は、正しく使うなら地域精神医療を推進する原動力となるほどの治療効果をもっていたこと、その事実をここでは確認しておくことにします。

薬物療法と精神療法は対立するものか？

もうひとつ指摘しておきたいことがあります。このように急速な発達を遂げた薬物療法は、精神療法（心理療法）と対立するものなのでしょうか？　言い換えれば、薬物療法と精神療法は、どちらか一方だけを選択して他方は捨てるといった排他的な関係のもの、一方が優れていて他方が劣っているという競合的な関係のものなのでしょうか？

決してそうではありません。そのことを示す印象的な思い出があります。私が研修医時代の数年を過ごした福島県の精神科病院は、昭和初期に設立された歴史の長い病院でしたが、開院以来のカルテを全て永久保存することを原則にしていました。そこで私はときどき書庫から古いカルテを借り出して、ページをめくっては昔の様子をそこに読んだりしたものです。

古いカルテにはいくつか特徴がありましたが、驚いたことのひとつは、それらが一様にとても薄いということでした。入院初日にはある程度詳しい記載があり、昔のドクターらしくドイツ語の医学用語を多用したペン字の筆跡が、紙面を埋めています。しかしその後の記載は非常に少なく、具合が悪くなって個室に収容したとか、電気ショック療法を行ったとか、風邪を引いたので風邪薬を処方したとかのエピソードが時折記される他は、日常的な記載がありません。それはそのはずで、クロルプロマジン出現以前には処方しようにも使える向精神薬が存在しなかったのですから、日常の処方記録が存在しないのです。何年あるいは何十年という時間がわずか数ページのうちに経過していることもあり、治療なき収容の時代の厳しい現実をそこに見る思いがしました。

その状況が変わり、カルテが厚くなり始める第一の転機はもちろん一九五二年です。その数年後から古いカルテにも日常的な処方記録が登場するようになり、その分カルテが分厚くなるとともに、収容だけではない治療の息吹が行間に感じられるようになってきました。

さらにカルテを追って行くと、そこに第二の転機があることに気づきました。一九六〇年代から七〇年代と進むにつれ、処方記録に加えてさまざまな精神療法的アプローチの記録が加わるようになってくるのです。作業療法、心理劇、レクリエーション、デイケアなど、活動の記録だけでなく患者さんの心理への洞察も記され、医師以外にもソーシャル・ワーカーや臨床心理士などの筆跡が加わるようになり、これでこそ精神科のカルテというものでしょう。当然、カルテはいちだんと分厚いものになってくるのです。

二度にわたるカルテの厚さの「進化」には、いみじくも薬物療法と精神療法の関係が表れています。抗精神病薬が開発される以前には、統合失調症はいわば歯の立たない難病でした。その時代にも何とか精神療法で状況を打開しようと努めた人々はあったのですが、なかなか突破口を開くことができなかったのです。しかし抗精神病薬によって症状を抑えることができるようになって、状況は変わりました。疎通性を回復し、心の落ちつきを取り戻した患者さんに対して、あらためて精神療法的なアプローチを行うことが可能になりました。薬物療法が地ならしした地面に、精神療法の花が咲いたと言ってもよいかもしれません。「べてるの家」に代表されるような当事者活動も、その背景には薬物療法の飛躍的な進歩があります。

こうしたあり方は統合失調症だけではなく、他の多くの疾患の治療について言えることです。薬物療法と精神療法との関係は、「あれか、これか」の排他的なものではありません。薬物療法によって症状を軽減・回復し、その成果の上に精神療法を行っていく、そのように相補的・協調的な関係が望ましくもあり現実でもあることを知っておきたいと思います。

向精神薬開発の最近の流れ

このように華々しく出発した精神科薬物療法は、その後も不断の進歩を遂げて現在に至っています。その進歩の方向性について、簡単に見ておきましょう。

新薬の開発と聞けば、誰しもまずは「強力な治療効果をもつ薬が開発され、これまで治らなかった病気が治るようになる」というイメージをもつでしょう。確かにそういう面もあるのですが、ここ三〇年ほどの向精神薬の開発状況を見ていますと、そのような意味での進歩はむしろほどほどという印象があります。

それよりも目立つのは副作用が軽減・改善され、不快感の少ない飲みやすい薬が増えてきたということです。各論については後述しますが、抗精神病薬にしても抗うつ薬にしても当初に開発されたものはかなり強い治療作用をもっており、決して最近開発された薬に劣るものではありません。ただ、これら第一世代の薬剤は概して副作用がきつく、抗精神病薬の場合は錐体外路症状（パーキンソン症状）、抗うつ薬の場合は抗コリン作用にもとづく自律神経症状が、患者さんにとって大きな負担となってきました。非定型抗精神病薬やＳＳＲＩなどは、よりマイルドな副作用をもつものであり、長期にわたって服薬を継続せねばならない患者さんにとっては、非常に助かるものなのです。

もちろんこれらの新しい薬も、薬である以上はそれぞれ固有の副作用をもっています。それが次の世代における新たな課題となるわけですが、副作用の軽い薬剤の選択肢が増えてきていることは、歓迎すべきことだと思います。

3　薬一般の特性

症状にあわせて処方する

個々の向精神薬について説明する前に、まず向精神薬の全般的特徴について述べておきましょう。先にも述べたように、「自分の考えや感情を薬に支配されてしまうのではないか」という懸念を耳にすることがよくありますが、人の心に対してそこまで細やかで微妙な影響を及ぼすことは、向精神薬にはできません。向精神薬の作用はもっと粗大で大まかなもの、沈みがちの気分を底支えするとか、不安な気持ちを落ち着かせるとか、幻覚や妄想を取り除くとかいったものです。

この説明からも分かるとおり、大多数の向精神薬はそれぞれ特定の精神症状に対して効果を発揮するように作られています。ですから、精神疾患の診断名と必ずしも一対一に対応しません。たとえば、抗精神病薬は幻覚や妄想などの精神病症状を抑える薬です。従って、統合失調症の治療における主役を演じますが、統合失調症だけに使われるわけではありません。幻覚や妄想が出現するような病気であれば、統合失調症でなくても処方されます。

いっぽう、統合失調症の患者さんが飲むのは抗精神病薬に決まっているかといえば、そうばかりともいえません。統合失調症の経過中に抑うつ症状が出ることはよくあり、そんな時に抗うつ薬を併用することはよく行われます。不安が強ければ抗不安薬、不眠が見られれば睡眠薬が処方されることが多いでしょう。あまり安易に薬物の追加が行われることは問題ですが、適切な判断にもとづいての処方であれば、そのこと自体は間違っていません。

ただ、薬剤を処方したら、健康保険制度上その正当な理由と考えられるような病名（いわゆる保険適応）を診療録（カルテ）に記載しなければなりません。統合失調症の患者さんのカルテに、「統合失調症、うつ病、不安障害、不眠症」などと数多くの病名が記載されたりするのは、ひとつにはこのような事情があってのことです。

それから、このような事情でひとりの患者に対して複数のカテゴリーの薬剤が処方されるのは、いわゆる多剤併用にはあたりません。多剤併用というのは、ひとりの患者に対して同一カテゴリーの薬剤を複数処方すること（たとえば複数の抗精神病薬、複数の抗うつ薬、複数の抗不安薬など）を指すのです。多剤併用は時にやむを得ないこともありますが、薬剤の相互作用を複雑にし、副作用のリスクを高めるとの指摘があり、原則的には単剤処方が望ましいとされています。

神経伝達物質

薬が体内でどのように変化し作用するか、その全容を理解するには多くの予備知識が必要です。だからこそ専門家の援助が求められるわけですが、理解するコツはないわけではありません。都合の良いことに、現在使われている向精神薬の大多数は、ひとつ大きな共通点をもっています。それは、脳の中で働いている神経伝達物質の働きを促進または抑制することによって、作用を発揮するということです。従って、神経伝達物質のカラクリに少しだけでも慣れることができれば、向精神薬についての理解はグンと深まります。

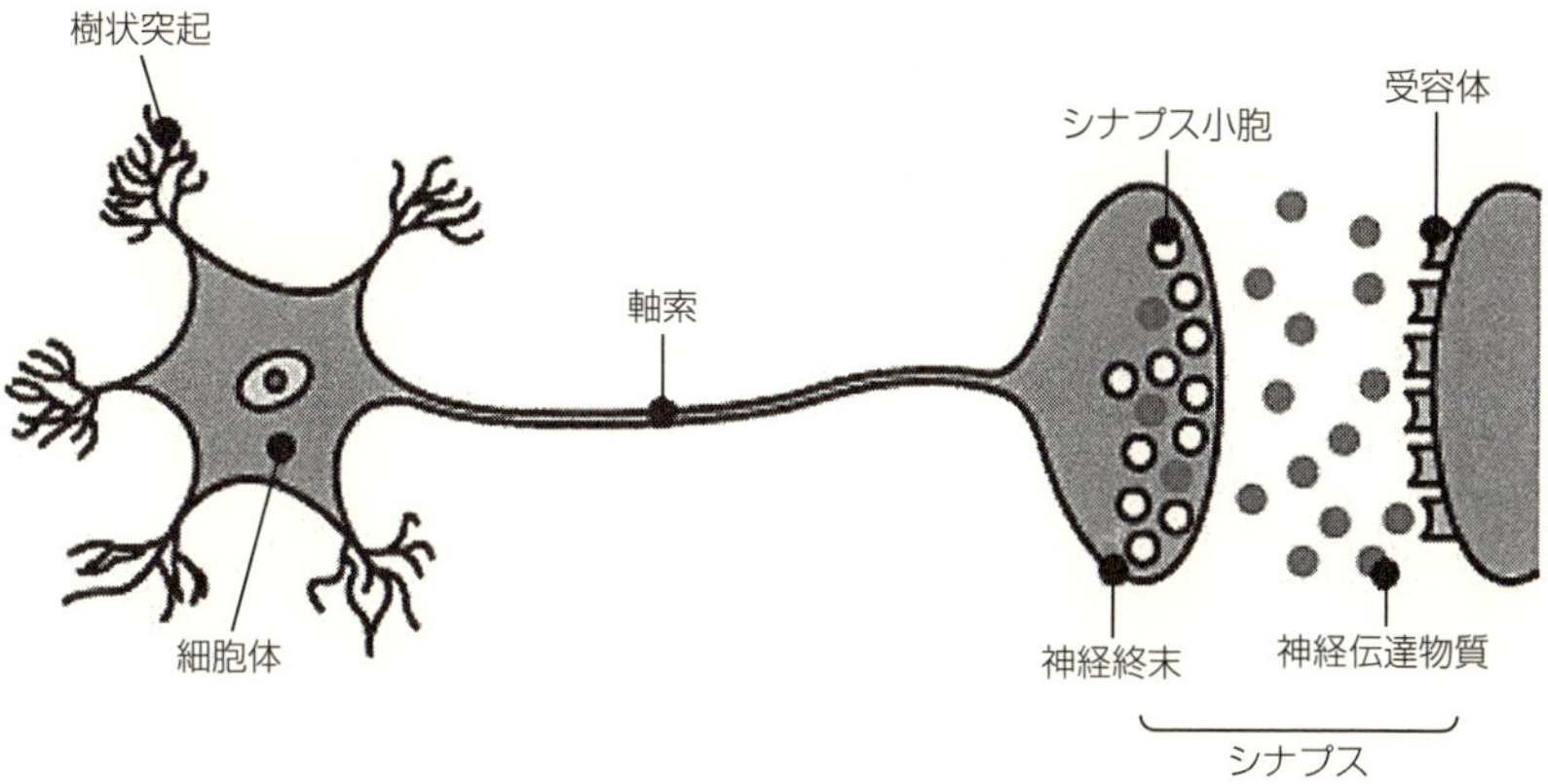

図2　神経伝達の模式図

誰がどのように数えたか知りませんが、脳という臓器は一〇〇億個から二〇〇億個の神経細胞が形作るネットワークでできているそうです。その基本パーツである神経細胞は、図2に示したような独特の形をもち、多数の短い枝（樹状突起）と通常は一本だけの長い枝（軸索）を備えています。樹状突起は情報の入力路、軸索は出力路であるとされ、神経細胞が多くの情報を受け取ってこれを処理し、一定の出力に変換していることがこの構造からもわかります。そして軸索の末端は隣接する神経細胞の表面に、シナプスと呼ばれる構造によって接続しています。

神経細胞の本体から発信された信号は、長い軸索を一種の電気信号として伝えられますが、シナプスを飛び越えて電気信号を伝えることはできません。そこで登場するのが神経伝達物質です。微細な分子である神経伝達物質は軸索の先端の神経終末から刺激に応じて放出され、隣接する細胞の表面にある受容体に結合することによって、プラスやマイナスの信号を伝達するのです。いわばリレーのバトンにあたる重要な働きをするのが神経伝達物質です。

神経伝達物質とひとまとめにしましたが、実際にそのような働きをする物質は現在までに数十種類知られており、おそらく一〇〇種類以上存在するのではないかと言われています。その中で、向精神薬の働きを理解するうえで必要なものは一〇種類もありません。第5章では、それぞれの向精神薬について神経伝達物質との関係を解説しますので、それを頭に入れていただくだけでさしあたり十分です。

ついでながら神経伝達物質の中には、シナプス越しに隣接する細胞の受容体に結合することによって、その細胞の働きを促進する作用をもつもの（興奮性神経伝達物質）と、逆に抑制する作用をもつもの（抑制性神経伝達物質）があることを知っておくとよいでしょう。

薬物動態と血中濃度

向精神薬は、注射薬として使われる場合を除いてほとんど全てが内服薬であり、口から飲み込むことによって服用されます。そのように飲み込まれた物質は、主として小腸の粘膜から吸収されて血液内に入ります。血液に乗って薬剤は全身を巡りますが、その全てが脳に入るわけではありません。脳の入り口には血液脳関門と呼ばれる精巧な組織があり、これを通過できる物質だけが脳に入っていきます。人体の中でもとりわけ重要な脳という器官を、むやみに外部の物質に曝さないようにする役割を果たすもので、造化の精妙なことを思わされます。

向精神薬も、この関門を超えなければ脳に働きかけることができません。従って、新薬を開発する際には、血液脳関門を超えて脳に入り、脳細胞に接触できる物質だけが候補として選ばれることになります。脳に入ることが分かっている物質の場合、脳に到達した薬剤の量は、血液に入った薬剤の量によって決まると考えられます。実際に脳の中に入った薬剤の量を調べることは現時点ではほとんど不可能ですが、血液中の薬剤の量（正確には濃度）は採血すれば調べることができます。そこで薬剤の血中濃度を調べることによって、薬物療法を合理的に計画していくことが、薬によっては行われています。

市販薬でもわかるように、薬の服用量は小児と成人について標準的な量が決められていますが、これは大まかな目安にしかなりません。成人といっても、体重四〇キログラム台の小柄な女性から、体重一〇〇キログラムを優に超えるお相撲さんまで、体格だけでも相当の開きがあります。消化器系の働き具合も人によって違うでしょうし、きちんと服薬する人と飲み忘れの多い人との違いもあるでしょう。そうしたさまざまな条件が作用する結果、同じように処方された薬でも、実際に脳に到達する量にはかなりの開きが出る可能性があります。そこで血中濃度をモニターすることが意味をもつわけです。

どの向精神薬でも血中濃度を測定することは可能ですが、実際に現場で活用されている例としては、気分安定薬として用いられるリチウム、それに各種の抗てんかん薬が代表的なものです。

血中半減期／肝臓と腎臓

服用されて体内に取り込まれた薬剤は、ずっと体内に留まるわけではありません。服用後しばらくすると血中濃度がピークに達しますが、薬という異物を分解し排出する体の働きによって血中濃度は下がり始め、やがて体内から消えていきます。典型的な血中濃度の時間経過を図３に示しました。

服用された薬剤が完全に排出されるまでの時間は、薬剤によって違います。ある時点の血中濃度がその半分に減るまでにかかる時間は薬剤ごとにほぼ一定しており、これを「血中半減期」と呼びます。半減期が短いほど短時間で排出され、半減期が長いほど排出に時間を要するということです。逆に言えば、半減期が短い薬剤は薬の効いている時間が短く、半減期が長い薬剤は効いている時間が長いということでもあり、血中半減期はこのような目安として用いることができるのです。

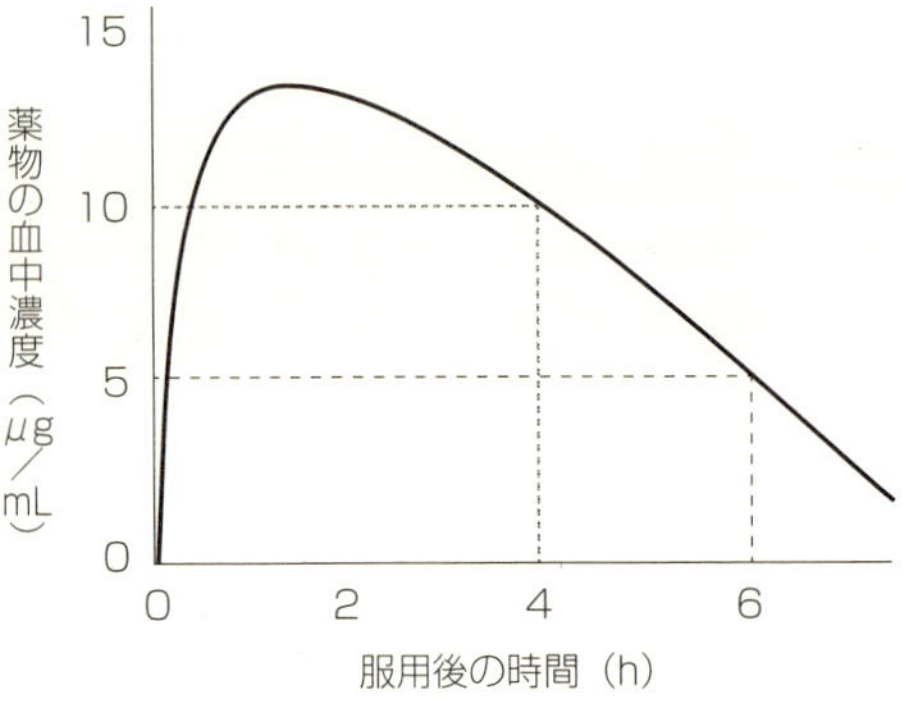

図３　薬物の血中濃度の時間経過

図３に挙げた例の場合、服用四時間後に一〇μg／mLであった血中濃度が六時間後には五μg／mLに下がっていますから、この薬の半減期は二時間であることがわかります。

余談になりますが、「半減期」という言葉から皆さんは放射性物質の半減期を思い出されることでしょう。放射性物質が自然に崩壊して減少していく過程を分析するために「半減期」を用いるわけですが、理屈は全く同じです。いったんばらまかれた放射性物質が長い半減期をもつ場合、地域の人々は多年にわたって危険と不安に曝されることになります。セシウム一三七の半減期は三〇・二年ですが、これはこの元素が当初の半分の濃度になるまでの時間ですから、実際の影響はさらに長く続くと考えねばなりません。こういったニュースを聞くと、あたかも地球という大きな生命体が半減期の長い毒物を誤飲し、排出されるまでの長い時間を苦しんでいるといった連想が浮かんでしまいます。

さて人体の場合、排出に要する時間を決める要因として、薬剤を代謝・排出する人体器官の能力も重要なものです。一般に薬剤が排出される過程には二つの系路があります。一つは肝臓です。薬剤は肝臓で代謝された後、胆汁と共に胆囊から消化管へ排出され、最終的には便として体外へ出ます。もう一つは腎臓です。薬剤は腎臓で濾過されて尿の中へ排出され、やはり体外へ出ます。「肝腎」という言葉がありますが、異物を体外へ排出するというたいせつな生理機能を考えた場合、この二つの系路はまさに肝腎かなめの働きをしているわけです。

主にどちらの排出系路が働くかは薬剤によって決まっていますが、向精神薬はごく少数の例外（たとえばリチウム）を除き、大多数が肝臓を介して便の中に排出されます。ですから肝臓障害がある場合などは、排出が遅れて血中濃度が高くなりすぎる可能性もあります。特に病気でなくとも、高齢者では若年者に比べて排出が遅れることが起きがちですので、注意が必要です。市販薬の注意書きに小児の用量は細かく記されているのに、高齢者向けの注意書きがないのは、かねがね疑問に思うところです。

これとは逆の例として、酒に強い人の場合に一部の向精神薬が効きにくい現象が知られています。酒類の主成分であるエチルアルコールとこれらの向精神薬を分解する酵素が共通であるため、長年の飲酒に肝臓が適応して代謝酵素の活性が上がっていると、向精神薬の代謝も迅速に行われてしまうのです。第9章でも再論しますが、お酒が強くて得になることは何もないもののようです。

第5章　向精神薬あれこれ

本章では個々の向精神薬について、その主な特徴や留意点を見ていきましょう。繰り返しになりますが、精神活動に影響を与える薬剤を一括総称して「向精神薬」と呼びます。第4章での神経伝達物質についての解説や、個々の向精神薬は特定の精神症状に対して選択されること、従って一つの薬剤がさまざまな疾患の治療に登場することなどを思い出しながら、読んでみてください。

個別の薬について特に関心のない方は、飛ばして第6章に進んでいただいてかまいません。

1　抗精神病薬

【名称と主な作用】

抗精神病薬は、「精神病」の症状を抑えることに由来する名称、つまり「抗・精神病・薬」という意味です。この場合の「精神病」は精神疾患一般と同じ意味ではありません。ヨーロッパの精神医学の伝統の中で、精神疾患を「精神病」と「神経症」に大別することが行われてきました。精神病はドイツ語でPsychose（プシコーゼ）と呼ばれ、心の中の思いと外界の現実の区別がつかなくなってしまうような重症の疾患を指しました。そのような区別喪失の結果として幻覚や妄想が現れると考えるのです。これに対して神経症はドイツ語でNeurose（ノイローゼ）、日本語にも入っているので御存じでしょう。こちらは、いろいろ厄介な症状があるにしても、心の内と外の区別はついていて自己観察が可能であるようなもの、その意味で比較的軽症のものを指したのです。

抗精神病薬という言葉に含まれる「精神病」は、このような伝統を踏まえた意味での「精神病」です。要するに、「幻覚や妄想といった重い精神症状を抑える力をもつ」のが抗精神病薬であると理解しておけばよいでしょう。

【適応】

幻覚や妄想を抑える作用をもち、そのような症状を呈する精神疾患に広く用いられます。代表的なものは統合失調症ですが、他にもアルコール依存症や覚醒剤などの薬物中毒に伴う幻覚・妄想、認知症のお年寄りにみられる夜間せん妄など、さまざまな例があります。

統合失調症に用いられた場合、急性期の幻覚・妄想を改善するばかりでなく、これらの症状の再燃を予防する効果のあることも重要です。統合失調症は再燃を繰り返しながら進行する病気で、再燃するたびに精神機能が損なわれていく危険がありますから、再燃を予防することは治療を進めるうえでの急所であり、そのために役立つのが抗精神病薬です。幸いなことに、再燃予防に用いる場合は急性期の治療よりも少ない量で足りるとされています。

抗精神病薬のもう一つの作用として、薬によってはかなり強い鎮静作用をもつことが挙げられます。このため、双極性障害の躁状態の急性期の興奮状態を抑える目的でも用いられます。

【歴史】

クロルプロマジンの統合失調症に対する治療効果は一九五二年に発見されました。一九五八年にはより力価の高いハロペリドールが出現し、代表的な抗精神病薬として広く全世界で使われました。これらが精神科医療のあり方を根本から変えることになった事情は、第4章で述べたとおりです。

その後、一九八〇年代からは非定型抗精神病薬と呼ばれる新しい型の抗精神病薬が次々と開発されました。従来型の抗精神病薬に比べ、錐体外路性副作用が改善されており、長期服用の負担が軽いのが特徴です。非定型抗精神病薬が開発されたことで、統合失調症の治療にさらなる進歩がもたらされました。

【薬理メカニズム】

抗精神病薬は、神経伝達物質であるドーパミンの受容体、特にD_2と呼ばれるタイプの受容体を遮断して、ドーパミン神経伝達を抑えることがわかっています。しかも、この作用の強い薬剤ほど統合失調症の急性期症状を改善する効果が大きいことが観察され、そのことから統合失調症はドーパミンの過剰が一因ではないかと考えられるようになりました。（ドーパミン仮説）

少々詳しくなりますが、脳の中でドーパミンを神経伝達物質として用いている神経系は、大きく三つのグループに分かれます。その三つとも、細胞本体は脳の奥にある中脳という部位に存在するのですが、そこから伸びる長い足（軸索）が脳の他の部位でシナプスを形成し、ドーパミンを神経伝達物質として放出します。ドーパミンが作られるのは中脳、神経伝達物質として使われるのは別の部位ということになります。その別の三ヵ所は、それぞれ線条体、大脳辺縁系、大脳皮質と呼ばれる部位です。このうち、線条体におけるドーパミン神経伝達の働きが妨げられると、錐体外路症状と呼ばれる副作用が生じてパーキンソン病の症状が起きるのですが、この系路は抗精神病薬の治療効果には関係のない部位であると考えられています。抗精神病薬の効果に関連するのは、辺縁系や大脳皮質のドーパミン神経伝達だということです。

早い時期に開発された抗精神病薬は、これら三つの系路を一律に遮断してしまうため、有効ではあるものの、錐体外路性副作用も強く出たのでした。一九八〇年代から使われるようになった非定型抗精神病薬は、線条体のドーパミン神経伝達には影響が少なく、大脳辺縁系や大脳皮質のドーパミン神経伝達を選択的に抑制するものであったわけです。

これに加え非定型抗精神病薬の中には、ドーパミン以外の神経伝達物質に作用するものや、ドーパミン神経伝達を適切なレベルに調節するものなど、さまざまなものが含まれています。いずれも副作用が軽く長期服用にも適しているので、最近では統合失調症などの治療の主役となりました。

【副作用】

前述の通り、従来型の定型抗精神病薬の副作用としては錐体外路症状が重要です。これは中脳から線条体へ軸索を伸ばすドーパミン経路の遮断によって起きるもので、パーキンソン病と同様の症状が出現します。パーキンソン病については御存じの方も多いでしょう。手足や全身の震え(振戦)、筋肉の運動がなめらかさを失ってぎこちなくなること(固縮)、顔の表情や全身各所の動きが乏しくなること(無動)、前屈みで小刻みな歩き方(歩行障害)などを主要症状とする神経難病ですが、その本態は中脳にあってドーパミンを作っている細胞が、何らかの原因で働きを失うことにあります。抗精神病薬は、線条体でのドーパミン神経伝達を妨げることによって、パーキンソン病と同じ状態を作り出してしまうわけです(薬剤性パーキンソン症候群)。

考えてみればドーパミンという物質も、ちゃんと役割をもって人体の中に存在しているわけですから、その働きをむやみに抑えれば逆の不便が出てきて不思議はありません。ドーパミンという神経伝達物質の働きも、過剰になると統合失調症や覚醒剤精神病などの幻覚や妄想を引き起こしますが、不足するとパーキンソン症候群を起こしてしまうわけです。

ドーパミンの遮断によって起きる錐体外路症状としては、パーキンソン症状の他にアカシジア(居ても立ってもいられない強い焦燥感)、ジストニア(頸部のひきつれや眼球の上転など)があります。アカシジアは時に自殺の原因になるほどつらいものですが、こういう副作用があることを知らないと、周囲は「落ちつきなさい」とひたすら押さえ込むことになりかねません。このほか、悪性症候群はその名の通り危険なもので、高い発熱とともにパーキンソン症状や意識障害などを生じ、速やかに適切な対処を行わないと命に関わる場合があります。

これら錐体外路症状の対策として、パーキンソン症状を改善する作用のある抗パーキンソン薬(抗コリン薬)が用いられますが、これはこれで便秘などの厄介な副作用をもっており、下剤の追加処方が必要になることが少なくありません。

非定型抗精神病薬の場合、こうした錐体外路性副作用は皆無とはいえないものの、頻度が格段に低くなっています。立ちくらみ・便秘・口の渇きなどの自律神経症状や眠気などが投与初期にしばしばみられますが、その程度には個人差が大きく、しだいに慣れることも多いようです。少し厄介なのは、非定型抗精神病薬には糖尿病を悪化させるものが多いことで、このため糖尿病と診断された患者さんには処方できません。慢性期の統合失調症の患者さんは運動不足や肥満といった問題を抱えている場合が多く、生活習慣病の予防が一般人以上に重視されている現状ですから、糖尿病やその予備群に対して処方できないのは大きな問題で、こういった点にまだまだ課題が残されています。

２　抗うつ薬

【名称と主な作用】

抗うつ薬はうつ病のさまざまな症状を改善し、回復を早める効果があります。ときどき質問を受けることですが、現在用いられている抗うつ薬は覚醒剤などと異なり、健康な人が服用しても気分が昂揚することはありません。

本格的に抗うつ効果が現れるまでに二週間程度の服用が必要であることは、注意しておきたいところです。

【適応】

本格的なうつ病の他、さまざまな疾患にともなう抑うつ状態の治療のために処方されます。一部の抗うつ薬は、抗うつ効果に加えて抗パニック効果（パニック発作を抑える効果）や強迫症状を抑える効果のあることが証明されています。また、鎮静作用の強い抗うつ薬は睡眠障害の改善を目的として処方されることもあります。このように抗うつ薬はさまざまな作用を併せもっているため、「抗うつ薬」という名称は不適切ではないかとの指摘すらあるほどです。

なお、長期的に飲み続けても後述のベンゾジアゼピン系薬剤のような依存を生じないのは、抗うつ薬の大きな長所といえるでしょう。

【歴史】

一九五〇年代後半、もともと抗ヒスタミン薬として開発されたイミプラミンに抗うつ作用のあることが発見されました。このイミプラミンを元にして多数の抗うつ薬が作られ、それらの分子構造の共通の特徴から、三環系抗うつ薬と呼ばれるようになりました。

三環系抗うつ薬は強力な抗うつ作用をもっており、現在でも他の薬が効かない時には処方されることがあります。ただし後述する副作用は厄介なもので、長期服用の妨げになってきました。

三環系抗うつ薬はいくつもの神経伝達物質に作用を及ぼすものであったため、どの物質がどのようにうつ病の発症に関わるのか分かりにくく、副作用も複雑であったものと考えられます。そこで一九八〇年代には、神経伝達物質の中でもセロトニンの働きだけを選択的に促進する抗うつ薬が開発されました。ＳＳＲＩと呼ばれるこれらの抗うつ薬は瞬く間にうつ病治療の主流を占めるようになり、さらに多くの薬が開発されて現在に至っています。

【薬理メカニズム】

セロトニン、ノルアドレナリン、ドーパミンなどの神経伝達物質は、その科学的特徴からモノアミン類と総称されます。一般に神経伝達物質は、シナプスで放出された後は再び神経細胞に取り込まれ（再取り込み）、その働きを終えるのですが、三環系抗うつ薬はモノアミン類の再取り込みを阻害する作用をもち、モノアミン類がシナプスで長時間作用するようにすることで、その働きを増強することが分かりました。

ただし三環系抗うつ薬は、各種のモノアミン類に加えてヒスタミンやアセチルコリンの神経伝達にも影響を及ぼしており、このため眠気・便秘・口渇・めまいなどの副作用が起きるものと考えられました。この点を是正し、もっぱらセロトニン神経伝達だけを促進するよう設計されたのがＳＳＲＩだったのです。（ＳＳＲＩとはselective serotonin reuptake inhibitor、つまり選択的セロトニン再取り込み阻害薬の略称です）

さらにその後、セロトニンとノルアドレナリンの再取り込みを選択的に阻害するＳＮＲＩ(serotonin noradrenaline reuptake inhibitor）なども開発され、抗うつ薬の選択の幅はさらに拡がっています。

【副作用】

先にも述べたように、三環系抗うつ薬はモノアミン類だけでなくアセチルコリンの神経伝達にも影響を及ぼします。アセチルコリンは脳内だけでなく全身の各所で神経伝達物質として働く重要な物質であり、中でも副交感神経系の働きを司る役割は重要です。内臓をコントロールする自律神経系は、交感神経系と副交感神経系が自動車のアクセルとブレーキのように拮抗する働きを担い、その力関係に従って内臓の働きを強めたり弱めたりしています。自律神経系の二本の柱のうちの一本である副交感神経系において、その働きを伝える神経伝達物質として働くのがアセチルコリンです。そのアセチルコリンの働きを、三環系抗うつ薬は強く抑制する作用をもっているのです。この作用を抗コリン作用と呼びます。

抗コリン作用の影響は当然ながら全身に及びますが、とりわけ顕著なのは消化器系に対するものです。副交感神経系は消化器系の働きを促進する働きをもつので、これを抗コリン作用によって抑制する三環系抗うつ薬は消化管の働きを悪くし、唾液の分泌を減少させます。このために起きる便秘や口渇は三環系抗うつ薬では避けがたく、患者さんにとって大きな負担となります。抗コリン作用の結果としては、他にも排尿困難や心臓の不整脈などさまざまなものがあり、高齢者や心臓病の既往のある人の場合にはリスクが高くなりますし、過量服用では命の危険があります。

これに対してSSRIはもっぱらセロトニン系に働く薬剤で抗コリン作用をほとんどもたないので、三環系抗うつ薬にみられるこうした副作用は起きません。その代わり、セロトニンの刺激症状として吐き気やむかつきなどの消化器症状が出たり、眠気がみられたりすることがありますが、三環系抗うつ薬の副作用に比べると耐えやすいようです。眠気が出る場合は、眠る前に服用することによって副作用の不快さを減らすとともに、睡眠を改善することに逆用するという工夫が行われます。

SSRIの副作用は概してマイルドなものですが、時にセロトニン症候群と呼ばれる強い反応が出ることがあります。セロトニン症候群はその名の通り、SSRIによってセロトニン神経系が活性化されて生じるもので、不安・興奮などの精神症状、抗精神病薬の副作用と類似した錐体外路症状、発熱・発汗や頻脈・下痢などの自律神経症状が出現します。薬の飲み始めや服用量を増やした時に起きやすく、原因となった薬剤を中止すれば速やかに改善するのが普通ですが、時に重症化することもあります。

病状が改善してＳＳＲＩの服用を減量・中止する際、発熱や悪寒など風邪のような症状が起きることがあり、離脱症状と考えられています。これを防ぐためにも、少量ずつ時間をかけて薬を減らすのが望ましいのです。

一部のＳＳＲＩは、未成年に処方すると自殺の危険を増すことが報告され、物議を醸したことがありました。前述のセロトニン症候群にも見られるような、不安や興奮の増強が原因ではないかと考えられ、医師は未成年者へのＳＳＲＩの処方にあたって慎重に考慮することが求められています。ＳＳＲＩに限らず、子どもや未成年者では薬剤に対して成人と異なる反応が見られることがよくあるので、どんな薬の場合でも注意が必要です。

3　気分安定薬

【作用・適応・歴史】

気分安定薬は、特に双極性障害で見られる気分の変調を防ぎ、安定した気分の調子を保たせる働きがあるので、この名があります。躁状態の症状を改善するとともに、反復する躁病相を予防する効果のあることが知られていましたが、薬剤によっては躁病相だけでなくうつ病相も含め、双極性障害の経過そのものを安定させることが分かってきました。このため最近では、明らかな双極性障害の治療はもとより、抑うつエピソードを主体としながら時に軽い躁状態をともなうようなケース（ＤＳＭの言葉では双極Ⅱ型障害）に対しても、積極的に気分安定薬の使用を検討することが行われています。

最初に発見された気分安定薬はリチウムで、一九五〇年代以降しばらくの間はリチウムが唯一の気分安定薬でした。その後、抗てんかん薬として既に定評のあったカルバマゼピンやバルプロ酸に、躁状態に対する治療効果のあることが発見されました。さらに同じく抗てんかん薬であるラモトリギンは、躁病・うつ病を問わず双極性障害の気分エピソードの再燃を抑制する効果があるとされ、気分安定薬の新たな可能性を拓くものとして期待されています。

【薬理メカニズム・副作用】

リチウムその他の気分安定薬がなぜ効くのか、さまざまな説がありますがよく分かっていません。従来の抗てんかん薬の中から気分安定作用をもつものが次々に発見されていることから、てんかんなど脳の電気活動の異常と双極性障害との関連が疑われますけれども、詳しいことは将来の課題として残されています。リチウムとその他の気分安定薬とでは、分子構造も薬理特性もかなり違いがありますから、それぞれ別のからくりで効いているのかもしれません。

副作用についても、リチウムとその他の薬を分けて考えておくとよいでしょう。リチウムは血中濃度が高くなりすぎると、吐き気・下痢などの消化器症状、震えや意識障害などの神経症状、運動障害などといった中毒症状を起こすことがあります。また、治療上有効とされる血中濃度と中毒を起こす血中濃度が接近しているため、うっかり飲み過ぎると中毒を起こしやすいという欠点があります。この危険を避けるため、定期的に採血してリチウムの血中濃度を測定することが求められています。

大多数の向精神薬と異なってリチウムは肝臓では代謝されず、腎臓から尿の中に排泄されるので、腎臓に問題のある患者では中毒を起こしやすく、注意が必要です。

カルバマゼピンやバルプロ酸の副作用としては眠気・ふらつき・吐き気などの症状が多く見られるとされます。ラモトリギンでも同様の傾向があり、これに加えて発疹などの皮膚症状の多いことが問題とされています。

4　抗不安薬

【名称と主な作用】

読んで字の通り、不安や緊張を緩和・軽減する薬剤が抗不安薬です。俗に安定剤といえば抗不安薬を指すことが多いのですが、抗精神病薬も安定剤と呼ばれることがありますので、混同を避けるため抗不安薬と呼んだほうがよいでしょう。

【適応】

不安障害に用いられるほか、うつ病や統合失調症、ストレス障害や適応障害など、さまざまな疾患の不安に対して広く処方されます。このような適応の広さは現在の抗不安薬の便利なところですが、それがかえって災いして過剰に用いられ、後述の常用量依存などの問題を生んでいるとも考えられます。

【歴史・薬理メカニズム】

現在使用されている抗不安薬は、ほとんどがベンゾジアゼピン系とよばれる分子構造をもっています。この薬物は一九六〇年代に開発され、飛躍的な発展を遂げました。

第4章で言及した、抑制性神経伝達物質のことを思い出してください。私たちの脳の中で、抑制性神経伝達物質は非常に重要な役割を果たしています。脳細胞はそもそも自発的に活動する傾向をもっていますが、一〇〇億を超える脳細胞がてんでんばらばらに活動したら収拾がつかなくなってしまいます。脳全体が統制のとれた働きをするためには、抑制性神経伝達物質が適切に働くことが必須なのです。中でもとりわけ重要なのがGABAと呼ばれる物質です。GABAはγ-アミノ酪酸という物質の英語名の頭文字をつないだもので、「ギャバ」と読みます。ベンゾジアゼピン系の薬剤はこのGABA の作用をほどよく強める働きをもっています。抑制性神経伝達物質であるGABAの働きを強めることによって、脳細胞の働きを抑制するのが、ベンゾジアゼピン系薬剤の作用なのです。

実は、古くから用いられていたバルビツール酸類も、同じようにGABAの働きを強める作用をもつのですが、こちらはその作用が強すぎるのです。そのため、過量服用すると昏睡を経て死に至るほどに脳の働きを抑制してしまうものでした。また身体依存を生じやすく、強い離脱症状のために服用を止めることが難しくなるという欠点もありました。これに対して、ベンゾジアゼピン系はGABAの働きを適度に促進するので、バルビツール酸のような危険な副作用がないものとしてもてはやされたのです。

そのような適度の抑制作用の結果、ベンゾジアゼピン系の薬剤は抗不安作用・催眠作用・筋弛緩作用・抗けいれん作用など多彩な効果を発揮します。ベンゾジアゼピン類の中で、抗不安作用の強いものを抗不安薬、催眠作用の強いものを睡眠薬、抗けいれん作用の強いものを抗てんかん薬として使い分けているという具合で、精神科の薬物療法の中でなくてはならない主役のひとつになっています。特に抗不安薬と睡眠薬に関しては、ここ三〇年ほどベンゾジアゼピンの独壇場という観がありました。

【副作用】

ほどよい抑制作用で重宝されたベンゾジアゼピン系薬剤ですが、当然ながら副作用があります。眠気やふらつきは最も多く見られるもので、睡眠薬として用いるならばかえって好都合ですが、日中の不安や緊張を抑える目的で使う場合には厄介な副作用になります。また、危機回避反応が遅れることにも注意が必要です。危機回避反応とは、たとえば自動車を運転していて目の前に人が飛び出してきたとき、咄嗟にブレーキを踏むといった行動のことですが、抗不安薬を服用しているとこの反応が遅くなることが知られています。良い意味で緊張が取れるだけでなく、必要な緊張までも鈍くしてしまうと言えるかもしれません。

酒類の主成分であるエチルアルコールは、実はベンゾジアゼピン類と似た性質をもっています。エチルアルコールの場合はGABA系に働くわけではありませんが、また別のカラクリで脳細胞の働きを強く抑制するのです。酒を飲んで酔った状態でベンゾジアゼピンを服用すると、どちらも抑制性の物質ですから当然ながら作用が増強されます。それも抑制作用の単純な足し算であればまだ良いのですが、時には一たす一が三にも四にもなったり、薬剤単独の時とは違った異常な行動が出たりすることがありますので、飲酒した状態で抗不安薬や睡眠薬を服用することは極力避けるべきです。

ベンゾジアゼピン系の薬剤を一定期間服用した後に突然中断すると、反動で不安が強く再燃することがあるので、中止する際は徐々に減量することが大切です。薬物依存の問題については、後で述べます。

5　睡眠薬

【作用・適応・歴史・薬理メカニズム】

これは説明するまでもないでしょう。睡眠薬は、現在ではほとんどが上述のベンゾジアゼピン系の薬物です。この薬物が発売される以前に使われていたバルビツール酸は、依存性や過剰服用の際の危険性などから、現在では特殊な用途や一部の配合剤の成分として以外には使われていません。

睡眠薬はその作用時間の長さに従って、短時間型・中間型・長時間型に分類されます。血中半減期の長さに従って、といってもかまいません。睡眠薬はどれも服用してから二〇分程度で効き始め、効果がピークに達した後しだいに弱まっていきます。血中半減期の短いものは早く効果がなくなり、血中半減期が長いものほど長く効くわけです。睡眠障害にもいろいろなパターンがありますが、入眠困難型と早朝覚醒型に大別するのが分かりやすいでしょう。

入眠困難型とは、寝つきは悪いがいったん寝つけば後は朝まで熟睡できるものです。このタイプの不眠に対しては、迅速に効果を示した後すみやかに効果が減少し、後に尾を引かないもの、すなわち短時間型が望ましいでしょう。これに対して、寝つきは良いが夜中や明け方に目が覚めてしまう早朝覚醒型では、睡眠の後半まで効果が持続する必要がありますので、中間型（場合によっては長時間型）が適切であることになります。

ベンゾジアゼピン系の睡眠薬は、投与を続けるに従ってしだいに耐性が形成され効果が弱まるとされており、二〜四週間以上の長期投与は意味がないといわれます。あくまで一時的な急場しのぎとして使うべきなのですが、実際には漫然と長期投与されているケースがかなり多く、後述の常用量依存が広く生じている可能性もあります。

【副作用】

バルビツール酸系の睡眠薬と違い、ベンゾジアゼピン系では少々過量に服用しても、命に関わるほどの危険は普通ありません。ただし、睡眠薬を服用して朦朧とした状態で事故に遭ったケースもあり、軽く見過ぎてはいけません。常用量の服用の場合、いちばんの問題は作用が翌日にもちこしてしまうことでしょう。もちこしによる日中の眠気やふらつきが、睡眠薬の副作用として最大の問題です。もちこしが生じると、朝起きられなかったり、日中とくに午前中の活動性が低下したりして、翌晩また眠り難くなるという悪循環にもつながります。

もちこしの危険は、当然ながら短時間型より長時間型のほうが大きくなります。そういう意味で、最初は短時間型から処方することが手堅いのですが、短時間型の中には時に服用前後の健忘(物忘れ)を生じるものや苦みの強いものなどもあり、作用・副作用の個人差も大きいので、実際の処方ではどうしても試行錯誤が必要になります。

ベンゾジアゼピン以外の睡眠薬の開発は以前から期待されているところですが、今のところ種類が限られています。ゾニサミド(マイスリー)は翌日への作用のもちこしが少なく、依存性も少ないとされて広く使われています。

不眠症の治療にあたっては、生活習慣の改善や日中の健康な過ごし方などを工夫することが先決であり、そのうえで狙いを絞って薬を用いるという基本原則を、ここで再確認しておきたいと思います。

○ベンゾジアゼピンの常用量依存について

ベンゾジアゼピン系薬剤が開発された当初は、安全で使いやすい抗不安薬・睡眠薬が登場したとして、大いに歓迎されました。今から考えれば、その利便性が強調されるばかりで、少々警戒が不足していたように思われます。「クスリはリスク」なのですから、便利さ・重宝さがもたらす裏の面にもっと注意を払うべきでした。

ベンゾジアゼピンは麻薬や覚醒剤のように積極的に強い快感をもたらすものではありませんが、不安を低減して気持ちを寛がせる作用のもたらす快適さが、心理的依存をもたらす危険があります。事実、中には服用量がどんどん増大して大量のベンゾジアゼピンに対する依存状態に陥ってしまう人もあります。アルコール依存のあるケースや、他の薬剤に対する依存傾向のあるケースでは、こうしたリスクがいっそう高くなります。ただ、このような重症の依存症はそれほど多いわけではありません。

それよりも問題なのは、常用量依存とか治療用量依存とか呼ばれるものです。決められた治療用量の範囲内でベンゾジアゼピンを服用しており、その限りで不都合はないのですが、状態が安定したのでいざ薬を減らそうとすると、離脱症状としての不安や不眠が生じて減量や中止ができないという現象です。離脱症状は人によってはかなりつらいものです。もともと不安や不眠の治療のためにベンゾジアゼピンの服用を始めたのですから、離脱症状なのかもともとの病気の再燃・悪化なのかの区別は専門家にも難しく、患者さんはかなり苦労することが珍しくありません。

常用量依存は欧米ではいちはやく警戒されるようになりました。ＤＳＭはアルコールや麻薬に対する依存とは別に、医薬品の乱用・依存を診断項目として挙げていますが、中でも最も警戒されているのがベンゾジアゼピン系薬剤です。実際に多くの国々がさまざまな対策を講じており、日本では認可されていても海外では違法として所持が禁じられているものも少なくありません。海外旅行などに常用薬を携行する場合には注意が必要とされるゆえんですが、それよりも気になるのは諸外国と日本との基本的な温度差です。あえてグラフは示しませんが、欧米諸国やアジア諸国と比べ、わが国におけるベンゾジアゼピンの消費量は突出して多いのです。使用法についても、ヨーロッパの国々ではベンゾジアゼピン薬剤の使用は二週間から四週間に限ることと明言されており、アジア諸国でも麻薬に準ずる厳しい制限を設けている場合があるのに対し、わが国ではこれに匹敵するような規制は何もありません。

二〇一五年四月からは、抗不安薬も睡眠薬もそれぞれ二剤までの処方を原則とし、いずれかを三剤以上処方する場合は理由を届け出ることとされましたが、抜け穴のある緩い規制にとどまり、世界的な趨勢からは大きく遅れています。なぜそうなってしまうのか、日本の薬事行政の根本に関わる大きな話になってしまうのでここでは立ち入りませんが、制度が私たちを守ってくれない現状では、それぞれの自衛努力を欠かすことができません。

私のような立場の者でも、ベンゾジアゼピン系の常用量依存について教わったり情報を得たりできるようになったのはここ数年のことでした。そこであらためて学んだのは、「初めが肝心」ということです。そもそも処方の開始時にその薬を使う目的を明確にし、あらましの服用期間と終了の見通しについて話し合っておくことが必要なのです。しかし実際の治療経過では、そのように進まないことのほうが多いでしょう。医師の不勉強ということもありますが、不安という症状そのものがさまざまな条件に影響されて変動しやすく、予後が見通しにくいことも事実です。

だからこそ、ベンゾジアゼピンの処方開始にあたっては慎重でなくてはなりません。不安に対しては認知行動療法的な配慮、睡眠に関しては生活管理や睡眠衛生を行い、不安や不眠の原因となっている心身の不調がある場合にはその治療を行ったうえで、補助的な頓服薬として服用するのであれば、ベンゾジアゼピン系薬剤は安全かつ有効に力を発揮するでしょう。

残念ながら長期化してしまった処方を減量・中止していく方法については、英国の医師による手引き書（通称アシュトンマニュアル）がインターネット上に無料公開されていますので、御参照ください（http://www.benzo.org.uk/amisc/japan.pdf）。焦らずにゆっくりと、少しずつ減量して体を慣らしていくことが必要ですが、その過程で抗不安薬の血中半減期の違いを利用して離脱症状を避ける手法や、ベンゾジアゼピン以外の薬へ置き換える方法など、さまざまな工夫もマニュアルには紹介されています。こうした作業は医師の助けを得て行うことが必要で、そのためにも患者と治療者の信頼関係が重要な前提となるのです。この点については、次章でさらに考えてみましょう。

本章では多くのことを書いたので少々辟易なさったかもしれませんが、へこたれないでほしいと思います。専門家でもない人が、ここに書いたすべてのことを理解する必要はもちろんありません。難しそうな薬の話も、順序立てて見ていけば理解できそうだという感覚をもっていただければ十分です。

最後になりましたが、「薬に頼りたくない」とおっしゃる患者さんは多く、それは当然のことだと思います。私はいつも次のように答えることにしています。

「頼るのではなく、必要に応じて使うのだと考えましょう。風邪を引いたときに風邪薬を飲むのと同じです。医師の助言を参考にしながら、主体的に使いこなせばいいのです」

これがこの章でお伝えしたい、一番のポイントでした。

第6章　医者と患者とプラセボ効果

第1~3章では家族について、第4・5章では薬について、いろいろと考えてみました。今度は医者について考えてみましょう。ただし実際の医療は医師だけが提供するものではなく、看護師・薬剤師・臨床心理士・ソーシャルワーカー・医療機関の事務職員などの広い関わりによって成立しています。ここにいう医者はその代表としてお考えいただきたいと思います。

1　患者と医者の関係

パターナリズムからインフォームド・コンセントへ

第3章で「パターナリズムから自己決定へ」という流れについて予告的に触れました。ここであらためてそのことを見ておきましょう。

この節の表題を「患者と医者の関係」と書いてみたのですが、これが既に少々刺激的です。普通は「医者患者関係」というふうに、医者を先にして言うことが多いでしょう。どちらでもいいようなものですが、「医者」が先で「患者」がその後という語順に微妙な意味が隠されているようです。「病人」は、医療機関を受診してはじめて「患者」として認知され登録されます。医者がいようがいまいが「病人」は存在しますけれども、医者との関係がなければ「患者」とはなりません。そうしたことからも、医者はどこか自分たちが医療の主役であると思いたがっている節があるようですが、果たしてそれで良いのでしょうか。

そういったことを世界中の人々が考えるようになった結果でしょう。医療の世界における医者と患者の関係は、ここ数十年の間に大きな変化を遂げました。その流れは「パターナリズムから自己決定へ」という言葉に集約されます。

一昔前までは、「医者を信頼して判断を委ね、これに素直に従う」のが良い患者であるとされていました。必要な知識や技術をもった医者が治療の主体であり、患者はその指示にひたすら従うことを求められていたのです。こういうあり方をパターナリズム（paternalism）と呼びます。パターナリズムは「父権主義」などとも訳され、昔の家父長が家族に対して強い権威をもって君臨したのと同じ関係を、医者と患者の間に想定するものです。（第1章で精神病者監護法に関連して述べた、古い時代の家族制度を思い出してください）

パターナリズムは人類史の中のつい最近まで、世界の多くの地域における医療の標準形とされてきましたが、ここ数十年の間に大きな変化が起きました。人権や個人の自由の思想が浸透するにつれ、「自分の健康に関する問題は患者自身が決定する」という自己決定の考え方が医療にも求められるようになってきたのです。

そのような変化を象徴する言葉がインフォームド・コンセント（informed consent）です。こちらは「十分に情報を与えられたうえでの同意」とでも訳したらよいでしょう。医者は最終的な結論を通告するのではなく、必要なことがらを説明したうえ最善と思われる提案をして患者の同意を求めます。あるいは、複数の選択肢を提示してその中でどれを選ぶかを患者に委ねることもあるでしょう。いずれにせよ、医者は患者の同意なしに勝手に決断を押しつけることはできません。患者自身の健康に関わることなのですから、選ぶのは患者自身であるべきなのです。

そうなると、ポイントになるのは「情報」です。選んだり決断したりできるためには、その根拠となる情報が与えられていなくてはなりません。第3章で触れたように、最近になって「心理教育」が医療者の間で強調されるようになったのは、このことと関連しています。心理教育によって提供された情報（インフォメーション）にもとづいて、患者が同意（コンセント）を与えるという構図がインフォームド・コンセントです。従来のパターナリズムの医療は「必要なことは医者が決定する」という考え方ですから、患者さんへの情報提供は十分に尊重されていませんでした。あたりまえとも思われる「心理教育」がことさら強調されることになったのはこういう事情があったからで、インフォームド・コンセントと心理教育はセットになった歴史の産物だったのです。

シェアード・ディシジョン・メイキング（SDM）

さて、インフォームド・コンセントは確かにパターナリズムからの進歩ではありますが、自己決定という視点からはまだ消極的で受け身ではないかとの批判もあります。ある席でジャーナリストが、インフォームド・コンセントを「納得医療」と訳すことを提案したところ、医師の側から強く反発されたとの話を聞きました。「患者さんが本当に納得するところまでは、とても責任をもちきれない」との趣旨だったようで、残念な話ですが医師の側の正直な感想を表していると も思います。本当に望まれるのは個々の患者さんが積極的に納得して医療行為を受けることですが、現状はそこからほど遠いことが多いでしょう。

現実はなかなか追いつかないとしても、医療の思想はより進んだ形を模索しています。たとえば「シェアード・ディシジョン・メイキング」の考え方がその一例で、これは"shared decision making（SDM）" すなわち共同作業による意志決定とでもいうものです。医者が最善と判断したことを説明し、これに対して患者が同意を与えるというインフォームド・コンセントのモデルからさらに一歩を進め、何が最善であるかを患者と医者とのやりとりの中で考え判断しようというもので、インフォームド・コンセントでは依然として医者から患者への一方向的な流れであったものが、SDMでは双方向的なやりとりが想定されています。

SDMを実際に遂行するためには、患者側および医療者側の参加の意思に加え、ディシジョン・エイドなどと呼ばれる十分な情報提供が必須になりますから、先に述べた心理教育を双方向的な形で充実することが課題となります。こうした流れを荒っぽく要約するなら、左記のようになるでしょうか。
①　パターナリズムの医療（情報は医者だけがもち、治療方針の決定は医者が行う）
②　インフォームド・コンセント型の医療（医者が患者に情報を提供して治療方針を提案し、患者は同意を与える）
③　ＳＤＭ型の医療（患者と医者が情報を共有し、共同作業の中で治療方針を模索する）

歴史の流れは、①から③へと進みつつあるようです。皆さんの実感は、いったいどのあたりにあるでしょう。担当医や医療スタッフは、どのような医療観をもって仕事に臨んでいるでしょうか。

念のために言えば、こうした自己決定の医療を進めていくためには、患者や家族の側もそれなりの努力と勉強が必要になります。医者に変化を求めると同時に、自分自身を変えていく勇気も必要であることを知っておきたいと思います。

精神科の難しさ

時代の流れはパターナリズムから自己決定へ向かっているとはいえ、精神科医療には一筋縄ではいかない難しさがあることも事実です。たとえば統合失調症の場合、もともと病識欠如を特徴とする疾患で、本人の自発性にまかせておいては受診も治療も始まらないような実情がありました。最近では軽症化が指摘され、本人の意志にもとづく治療が行われるケースが増えてきましたが、以前同様に病識をもてない患者さんもまだまだ少なくありません。殊に発病当初は幻聴や被害妄想にさいなまれて混乱し、周囲に対して猜疑的・警戒的になっているため、話が通じないことも多いのです。そうした場合には、本人にとって何が最善かを周囲が判断し、必要なら医療保護入院など強制入院の手続きをとることも必要になります。

こうしたケースは統合失調症だけでなく、双極性障害の躁病エピソード、アルコール依存症や薬物依存症などでも見られます。うつ病の大半は自発的な動機にもとづく外来治療が可能ですが、重症例では絶望のために治療を拒絶することもあり、強い精神運動抑制のために説明が理解できなかったり意思表示できなかったりすることもあれば、妄想症状や焦燥感のために思考停止状態になっていることもあります。摂食障害の中にも、明らかに必要な心身の治療を否認と呼ばれる精神症状のため頑なに拒む例があり、本人の安全のために医療保護入院が必要になる場合があります。

医療は本人の判断と意志に依ることが原則ですが、そうした判断や意志そのものが適切に行えなくなるのが精神疾患のつらいところで、このために強制入院の制度があるのもやむを得ないこととせねばなりません。ただ、だから精神科医療では自主決定もＳＤＭも必要ないかといえば、決してそうではありません。一時的に右記のような状態に陥った人も、療養が進むにつれ思考力や判断力を取り戻すことがほとんどです。病状の回復を見ながら、その時々に可能な範囲で十分に説明を行い、できるだけ早く本人の意志による医療に切り替えることが必要です。強制入院についても、それが必要であったことを事後的にでも納得してもらえるよう説明を尽くしたいものです。

なお、医療保護入院にあたっては精神保健指定医の判断に加え、家族などの同意が必要です。このため、入院の際に「後で本人に恨まれるのではないか」と家族が心配することはよくあります。実際に患者さんが家族をひどく恨んだ例を私自身はほとんど経験していませんが、そのような話を聞くことは確かにあります。しかし、必要性を判断するのはあくまで医師であり、家族が「同意しない」ということは制度上あり得ても、事実上ほとんど考えられません。患者さんの健康と将来のために必要だと医師が言えば、本人のためを思って家族は同意せざるを得ないでしょう。医療者は患者さんにはその点をよく説明し、「御家族もつらかったのです」と伝える配慮をもちたいものです。また、精神保健福祉法が「保護者」の規定を廃止したことは、御家族のためには良かったことだと思います。

権威と権威主義

余談のようで恐縮ですが、「権威」と「権威主義」について一言。医療の現場で働いていると、こうしたことについていろいろと考えさせられるのです。

いろいろと難しい議論もあるでしょうが、要するに「この人の言うことなら大丈夫だ」と相手に思わせる無形の影響力のことを「権威」と呼ぶのだと私は思います。とすると、それは医者だけがもつものではありません。長年にわたって患者を支え続けてきた家族が、「今回は大丈夫だと思います」とか、「本人は大丈夫だと言うけれど、過去の経験に照らしてちょっと心配です」などとおっしゃる時、医者が「この人がそういうのなら……」とその判断を尊重するならば、そこには立派にひとつの権威が発生しているのです。そういう意味では患者さん自身も、時として確かな権威を漂わせることがあります。闘病という難儀な仕事のベテランが醸《かも》し出す権威でしょう。

いっぽう、「権威主義」はこれとはまったく違ったものです。資格や業績、地位などを理由として、端《はな》から「権威」を認めるよう相手に要求するのが「権威主義」です。そうだとすれば、実際には権威（えらさ）を感じさせない者に限って権威主義を振りかざすことも不思議はないのでしょう。聖書に出てくるあの言葉も、そのような機微を表したものに違いありません。

「イエスがこれらの言葉を語り終えられると、群衆はその教えに非常に驚いた。彼らの律法学者のようにではなく、権威ある者としてお教えになったからである」

（マタイによる福音書　七章二八－二九節）

中身のない権威主義によってでなく、自ずと醸し出されるお互いの権威によって支えられるような治療関係でありたいものです。

2　薬のもつ心理的効果

プラセボ効果のからくり

少し角度を変えてみましょう。第4・5章では精神科の薬物療法についてかなり詳しく情報提供しましたが、ひとつ大事なことを後回しにしていました。それはプラセボ効果のことです。

プラセボ（placebo）とはもともと有効成分を含まない見かけだけの薬（偽薬）のことで、これを飲んだ時にそれでも生じる効果のことをプラセボ効果と呼びます。たとえば、「眠れない」と訴える患者さんに「睡眠薬ですよ」と伝えて砂糖の粉を飲ませたところ、患者さんは熟睡したうえ翌朝「あの薬はよく効きました」と言ったというような具合に、効くはずのない薬が暗示によって奏効する現象もプラセボ効果には違いありません。しかしそれだけだったら、怪しげな小手先のトリックでしかないでしょう。

それよりも重要なのは、およそどんな薬を飲むときにもこの種の心理的効果が必ず生じているということです。たとえば抗不安薬を飲んだ時には、ベンゾジアゼピンの薬理作用に加えて、「抗不安薬を飲んだからもう安心だ」「信頼する先生が処方してくれた薬だから効くに違いない」といった心理作用も働いています。そのように見るならば、いわゆる薬効は、有効成分による真の薬理効果と、服薬による心理的効果とのあわせわざであると考えられます。

物質としての薬物の作用で説明されないこのような効果のことを、広く総称してプラセボ効果と呼ぶのです。式で表せば、次のようになります。

服薬の効果　＝　薬理効果　＋　プラセボ効果

多くの解熱鎮痛剤や、狭心症の治療に用いられるニトログリセリンなどの場合、作用の何割かはプラセボ効果によるものと言われています。精神疾患について見ると、抗うつ薬によるうつ病やパニック障害の治療ではかなり大きなプラセボ効果が観察されますが、同じ抗うつ薬でも強迫性障害の治療に用いられた場合にはプラセボ効果はあまり認められません。このように疾患による違いもあるものの、総体としてプラセボ効果は一般に考えられている以上に大きなものなのです。

なぜプラセボ効果がそれほど大きなものになるのかということは、人の心の働きを考えるうえで非常に興味深いテーマですが、ここではこれ以上立ち入る余裕がありません。先に述べた「権威」の問題などとあわせ、それぞれ考えてみていただきたいと思います。

プラセボ効果の二重の意義

このようなプラセボ効果を、医学の中でどのように位置づけたらよいでしょうか？　これには二つの相反する面があります。

まず、その薬の薬物としての効果を判定する際には、プラセボ効果は真の薬理効果を見えにくくするノイズ（雑音）として作用します。このため、新しい薬を開発するための治験（臨床試験）を行う場合などは、できるだけプラセボ効果を排除しなければなりません。この目的のため、実にさまざまな手法が用いられます。まず、治験の対象となる患者さんを条件が等しくなるように二群に分け、一方の群には本当の薬を、他方の群には見かけも味もそっくりなプラセボ（偽薬）を飲んでもらいます。この時、真の薬とプラセボかのいずれを受け取ったかを患者さん自身に知らせないのはもちろんのことですが、薬を手渡す担当者にも知らせないようにするのです。そうでないと、手渡す際の期待や申し訳なさを患者さんが敏感に感じ取り、それが結果に影響を与えるかもしれません。このようなやり方を二重盲検法（double blind test）と呼びますが、このように何重もの対策を講じなければ除去できないほど、プラセボ効果は根強いものなのです。

そうだとすれば、日常診療の中で医者が処方し患者が受け取って服用する薬剤はなおのこと、さまざまな形でのプラセボ効果に強く影響を受けながら働くものと考えられます。それならばこれを排除しようとするよりも、むしろ味方につけることによって薬の効果をできるだけ大きくするよう心がけるのが、臨床の場における工夫ということになるでしょう。事実、熟練した医師の多くは、時には自覚的に時には知らず知らず、このような工夫を身につけているものです。

患者さんや御家族の側でも、「どうせ飲むなら効くと思って飲んだ方が、効き目が増すだろう」「疑いながら飲んだのでは、効くはずの薬も効かなくなる」といったことを考えておられるのではないでしょうか。これは多くの場合正しいことで、プラセボ効果はプラスにもマイナスにも働くものです。手前味噌で恐縮ですが、別の教科書に以下のように書いたことをご紹介しておきましょう。

「プラセボ効果は正の値をとるとは限らない。不十分な説明や不適切な対応といった医療側の条件や、薬物療法に対する不信・猜疑といった患者側の条件によって、プラセボ効果が負の値をとることは珍しくないし、それが薬理効果を打ち消すほど大きくなることも、薬や疾患の種類によっては十分ありうる」

「治療関係を良好に保つことによって、患者が安心して服薬できるよう配慮し、薬物の効果を高める配慮が治療者には求められている」

（『新訂 精神医学特論』P. 232-233）

薬がはたす象徴的役割

薬という存在についてあらためて考えてみると、それが単なる化学物質であるばかりでなく、心理的な意味をになった象徴的な存在であることに気づきます。あるいは、処方や服薬という行為が象徴的な意味をもつといったほうがよいかもしれません。

多くの場合、薬は「病気のつらさから救い出してくれる良い力」を象徴するものですが、時には逆に働くこともあります。慢性疾患のために長期の服用を余儀なくされる場合、「病気を治すために薬を飲む」はずであったのが、いつの間にか「薬を飲んでいることで自分の病気を思い出させられる」ようになることは珍しくありません。服薬の習慣が自分に貼られた病気のレッテルのように感じられ、そのレッテルを剥がして健康者の資格を取りもどしたいばかりに服薬を中断するといったケースを、統合失調症の患者さんの中にたくさん見てきました。このような場合、薬は逆説的に病気を象徴するものとなってしまっているのです。

処方と服薬というやりとりが医者と患者の関係を象徴するのは、さらに考えやすいことです。「薬」は医薬品であると同時に、治療を通して医者が与えるものの象徴でもあるのです。「与えるもの」の中には、面接において伝えられる情報や教示をはじめ、さまざまな言語的・非言語的メッセージが含まれるでしょう。励ましの言葉やねぎらいの表情、逆にうるさがるようなせかかした調子や威圧的な雰囲気など、すべてその一部なのです。患者が家に帰ってから薬を飲みくだすことは、そのようなメッセージを薬とともにあらためてとり込む意味をもつと考えられます。「のみこみがよい」「のみこめない」など、「のむ」という言葉が日常の中で、心理的な取り込みの意味をこめて用いられることが連想されるでしょう。

このように、患者は服薬という作業を繰り返すことによって、いわば治療過程そのものを反復服用しています。医師から与えられたメッセージの定着が促進され、良くも悪くも暗示的な作用をもたらすことになります。「先生のお薬」というよく使われる表現が示すとおり、薬は治療者と治療行為の象徴なのです。飲むのも飲まないのも「あの先生のお薬」だからという面があり、そのことが薬効を支えもすれば損ないもするでしょう。

薬という得体の知れない化学物質を、しかも自分の精神に影響を与えると承知していながら言われたとおりに飲みくだすのは「たいへんな信頼の現れ」であると指摘した人があります。そのような信頼は、医薬品や医学一般に対する合理的・非合理的な期待ばかりでなく、担当医の誠実な配慮と働きによって支えられるものです。配慮が適切に与えられず、患者が治療のあり方に納得できない場合、拒薬や怠薬が起きてくるとしても不思議はありません。

薬というツールを使ったコミュニケーション療法

難しいことを書いてきたようですが、要は薬というものが単なる化学物質ではなく、さまざまな心理的意味をもつものとしてやりとりされていること、従って医者と患者との関係がそこに反映されることを伝えたいのです。薬物療法は単に有効な薬を処方して患者さんの体に入れてもらうというだけのことではなく、強い象徴性をもつ薬というプレゼントを医者が患者に贈ることでもあります。そして右に述べたとおり、患者は毎日薬を飲むことによって、贈られたプレゼントを繰り返し味わうことになります。医者の診療が「三分間治療」などと呼ばれながらも何とか役割を果たしているのは、このような薬の（あるいは服薬という行為の）特性によるところが大きいのではないでしょうか。そして患者さんの側は、服薬の結果を次の診察時に報告することによってプレゼントにお返しをすることになります。キャッチボールのようなものかもしれません。

このようなことからかねがね私が思っているのは、薬物療法とは薬というツールを仲立ちとした、一種のコミュニケーション療法ではないかということです。このことを自覚して良好なコミュニケーションを保つよう心がけるのは基本的には医者の役割ですが、患者さんや御家族の協力も欠かせません。自分が飲んでいる薬に関心をもち、それが与える影響をよく観察し医者に伝えることによって、良いボールを投げ返していただきたいと思います。

このことについては、第7章で引き続き考えてみましょう。

第7章　医者に上手にかかるには

まず言い訳から始めます。

「医者にかかる場合の、患者さんや家族の心得と注意点について」という項目が、今回の執筆依頼の中に含まれていました。うっかり引き受けた後ではたと気づいたのは、医者である自分にはそういうことを書く資格がないということでした。医者にかかるのは他でもない患者さんなのですから、患者あるいは家族として長年苦労なさった方々御自身にこそ、そういう解説をお願いすべきなのです。

もう一つの言い訳は、「他の医者がどういう考え方やスタンスで診療にあたっているのか、よく分からない」ということです。私に限らず、医者はそれぞれの診察室の中で個別に診療にあたっています。医者の集まりや学会など情報交換や学習の機会はあるものの、実際に同僚や同業者が診察している姿をみることは滅多にありません。ですから、私が当然と思っていることが医者一般の信念をどの程度反映しているか、見当がつかないのです。（それどころか、どうやら筆

者は現代の精神科医の平均像からかなり外れているのではないかと感じることがあります）
そういう次第でここで紹介するのは、あくまで一精神科医の私見でしかありません。勝手な理屈や思い込み、勘違いなどもあることでしょう。それでも何かしら皆さんの参考になることを願って、話を進めることにします。

1　医者にかかるまで

この本の読者の皆さんは、既に医者にかかっておられる方々やその御家族が大半ではないかと思います。従ってこの項の話題がどの程度意味をもつか分かりませんが、まずは順を追っていくことにしましょう。

どういう時に医者にかかるか

精神科を受診するという作業は、以前は非常にハードルの高いものでした。「精神科」そのものの敷居の高さもありましたし、いざ受診しようとしても鉄格子のはまった威圧的な精神病院しかないのでは、尻込みするのも無理はなかったと思います。幸い、この三〇年ほどの間に精神科の診療所（クリニック）は非常な勢いで増加し、都市部では鉄道の駅などの広告板にメンタルクリニックの看板のないほうが珍しいぐらいです（残念ながら非都市部ではまったく違った状況があり、都鄙《とひ》格差の是正は制度上の急務です）。精神科病院についても、一九六〇年代に続々と建てられた病院が一斉に老朽化し、二一世紀に入る頃にこれまた一斉に改築されました。その結果、最近の病院は以前とは見違えるほど環境が改善されています。

そういう時代ですので、何か変調を感じたら気軽に近所の医師を受診なさるのが良いと思います。「自分の感じている問題や現状が、病気なのかどうか分からない」という人があれば、それ自体を理由として受診なさったら良いのです。病気なのか病気ではないのかを判別するのも、医者の大事な役割の一つですから。

その時点で困っていることを自分の言葉で表現したものを「主訴」と呼びます。精神科受診の主訴は多彩ですが、「気持ちが沈む、ふさぐ」「不安で落ちつかない」「眠れない」「食欲がない」「めまいがする」などはとりわけ多いものです。睡眠と食欲はとりわけ頻度が高く、人の健康の基本条件であることを痛感させられます。こういった不調がありながら、特に思い当たる身体的異常がないようであれば、精神科を受診するのをためらう理由はありません。

診療所（クリニック）を探すとき、標榜する科目としては「精神科」以外に「神経科」「心療内科」なども含めるとよいでしょう。神経科は精神科とまったく同じ意味です。「心療内科」は、心身症など心理的背景をもつ身体疾患を専門に診る内科の一領域というのが本来の意味ですが、実質的には精神科と変わらないことがほとんどです。わが国の制度では医師は開業にあたって自由に標榜科を選べることになっており、このため患者さんが心理的抵抗をもたずに来院できるよう「神経科」「心療内科」などを標榜するところが多いのです。

なお、「神経内科」は名前が似ていてもはっきり違うものです。こちらは神経や筋肉の病気

（重いもので言えば、パーキンソン病や筋ジストロフィーなど）を専門とする内科の一分野なので、区別が必要です。

どうやって受診先を選ぶか

受診してみようと決め、さてどこのクリニックを選んでどの医者に行ったらいいかということ、これは最大の難問です。乱暴な言い方をすれば、この難問を確実に解く方法は残念ながらありません。各都道府県に存在する精神保健福祉センターは、その地域の精神科医療機関についての情報を必ずもっていますので、どんなクリニックや病院があるかは教えてくれます。ただ、公的機関としての制約があるため、どこそこのクリニックの評判が良いなどという推薦はしてくれません。

実際にかかった人の感想は有力な手がかりになりますが、患者さんと医者の組み合わせには必ず相性があるので、他人にとって良かった医者が自分にとっても良いかどうかは保証の限りではないでしょう。インターネットの書き込みなどは参考になる場合もありますが、面白半分の無責任なものもあって確実とは言えません。

結局のところ、それぞれのクリニックの謳い文句——たとえば発達障害の検査を行っているとか、睡眠障害の治療に力を入れているとか——である程度絞り込んだうえで、運試しをするしかなさそうです。

それぞれの関心にも依るでしょうが、薬物療法だけでなくカウンセリングを希望している場合には、臨床心理士を置いているかどうかを確認しておくと良いと思います。カウンセリングは、保険診療の枠内で行っている場合と、保険の効かない自由診療の形で行っている場合があり、それによって料金に相当の違いが生じますので注意が必要です。

同様に、統合失調症の患者さんなどを対象としたデイケアを併設しているか、うつ病などの復職支援プログラムをもっているかどうかなどは、選ぶ際のポイントになるかもしれません。

予約制をとっているかどうか、初診外来を別枠にしているかどうかなどは、そのクリニックの時間管理の考え方を知るうえで参考になります。初診面接はしっかり時間をかけるべきものですので、そのための時間が確保されているとすれば、安心材料になるでしょう。とはいえ、予約制を標榜していても実際には予約時間が守られていないといったケースも中にはあり、このあたりはやはり「行ってみないと分からない」ということになりそうです。

家族だけの相談も可

話が前後しますが、病気や問題を抱えている本人に受診するつもりがなかったり、まだ心の準備ができなかったりした場合、とりあえず家族だけが医療機関に相談に行くことも有力な選択肢です。長年ひきこもりの支援にあたってきた専門家なども、とりあえず家族だけでも相談に行くことを勧めていますが、いわゆるひきこもりの人々の少なくとも一部には精神疾患があるものと考えられており、その意味でも相通じる話です。

前節で、病識がないために強制入院が必要になることがある疾患について述べましたが、そこで挙げたもの――統合失調症、双極性障害の躁病相、重症のうつ病、摂食障害などは、同じ理由から本人の外来受診は成立しにくいものです。一般に治療に対する抵抗の強い強迫性障害の患者さんも、その中に数えられるかもしれません。

こうした場合にとりあえず家族が相談に行くことは、いろいろな意味で有意義でしょう。医者らの助言によって家庭でできる対策が見つかるかもしれませんし、すぐに名案がなくとも将来の布石として重要です。また、医者やカウンセラーと話すことで御家族が安心し希望をもてるなら、その意義は甚大です。

薬物療法に関しては、御本人を診察しないで薬を処方することができませんので、すぐに開始する訳にはいきませんが、家族の情報にもとづいて有効な薬の見当が付くならば、本人の受診に向けて努力する意義が増すでしょう。

大多数の精神科医はこうした家族相談に協力してくれるはずです。ごくまれに、「本人以外の相談は受け付けない」と公言する医師に出会うことがありますが、何か根本的な考え違いをしているのだろうと思います。

2　初診時の工夫

精神科の初診面接は、他科以上に時間がかかります。主訴（今いちばん困っていること）から始まって、現病歴（現在の変調が起きてきた経過）、既往歴（これまでにかかった心身の病気）、家族歴（家族構成、家族の健康状態や既往歴）など、必要な情報を面接の中で医者が聞き取っていきます。これに加えて生育史や学歴・職歴・生活歴なども聞き取っていきますから、時間がかかるのは当然です。実にさまざまなことを医者やカウンセラーは訊くものです。

中で最も大事なのは主訴と現病歴で、要するに「なぜ今日ここにくることを決意したのか」という来院の理由や、「今どんなことに困っていてどのような援助が必要なのか」という受診の目的がそこで語られることになります。

メモを用意する

これらについて、できれば簡単なメモを用意していくことをお勧めします。三〇分という時間は長いようですが、これらの情報を伝達したうえ当座の見立てと治療方針を医者から伝え、処方箋を書いて薬の作用や副作用を説明し、場合によっては診断書を書くなどという作業をしているとあっという間に過ぎてしまいます。私などは書くのが遅いこともあって、初診だったら一時間はほしいところですが、なかなか一時間はとれません。そういう忙しい時間の中で言いたいことをしっかり伝える目的に、メモは非常に役立ちます。書いたものを手許に置けば、落ち着いて話しやすくなるでしょう。

患者さん自身は初診時に自分でメモを用意できる状態にないことが多く、そこで御家族の出番ということになります。メモには現病の経過と現在の状態、家族としていちばん気になっていることや、知りたいことを箇条書きで記し、そのまま医師に渡せるようにしておくとよいと思います。私の場合は、いただいたメモをそのままカルテに糊で貼りつけるようにしています。「汚い字で」と謙遜されることがよくありますが、お話を聞きながら走り書きするこちらの筆跡とは比べものにならないぐらい見やすくて助かります。本人だけに話を聞くか御家族に同席していただくかは、状況によりケースバイケースですが、時間がないなどの理由で本人だけの面接で終わる場合にもメモがあれば御家族の懸念や希望が医師に伝わることでしょう。

メモにせよ口頭説明にせよ、家族が第三者の立場からどう見ているかは貴重な情報になります。もちろん家族には家族の思い入れがあり、そこから誤った解釈をしていることも多いのですが、そのことを含めて大いに参考になるのです。本人の主張と御家族の観察にズレがある場合は、それ自体が重要な意味をもつことが多いので、無理にすりあわせようとせず、それぞれの主張を両方そのままお伝えいただいたらよいと思います。

細かく訊かれる理由

時間が十分取れる場合、右に述べたとおり初診時には実にさまざまなことを質問されます。病気の治療を求めて行ったのに、なぜそんなことまで聞かれるのかと思われるかもしれませんが、生育史や生活歴は貴重な情報源です。第3章の後半で、「うつ病の症状は共通でも、そこに至る背景や原因は多様」と述べたことを思い出してください。たとえばそのような「うつ病に至る道筋」が生活史の中に見て取れることはよくあるのです。生活史を語る中で、患者さん自身が病気の背景に気づくといったことも、よく起きるものです。

ついでながら学歴について、私自身は「四大卒」とか「専門学校卒」とかいった書き方をせず、必ず最後に卒業した学校名や学部を訊くことにしています。大学卒の人の場合はさらに出身高校についても訊き、あわせて中学校ぐらいからの部活動の経験について尋ねます。「スポーツの盛んな埼玉の私立高校でテニス部のキャプテンをしており、卒業後は東京のＪ大学で福祉の勉強をしながらボランティア・サークルに参加した」といった具合にまとめていくと、患者さんの人となりを形成するに至った思春期・青年期の過ごし方が自ずと浮かび上がってくるでしょう。部活動について訊くのは、運動の習慣や趣味について確認する意味も兼ねており、これらはその人のストレス対処様式についてヒントを与えてくれます。初対面で学校名まで訊くのは何だか不《ぶし》躾《つけ》のようで最初は抵抗がありましたが、そこに含まれる情報の貴重さを知るにつれて躊躇することがなくなりました。

もともとの家族の構成についても同様に人柄の背景を知る意味があり、家族の病歴に関する情報は遺伝傾向のある病気についての診断や予防対策を考える参考になります。現在の同居者や居住状況、異性との交際などについて尋ねるのも、プライバシーに踏み込む感じがして初めは申し訳なく感じましたが、親密な人間関係は多くの病気の予後に決定的な影響を与えるものですし、緊急の際に誰に連絡を取れば良いかといった危機管理の面でも必須の情報です。「身元調べみたいで申し訳ありませんが、どうぞ御協力ください」と言ってこのように訊いていくのですが、右に述べたとおりいずれも意味のある質問であることをご理解いただきたいと思います。

同伴者として

初診に際して患者さんと御家族は「受診を決意して受診先を選び、医者やカウンセラーに出会う」という大仕事を成し遂げておられます。後はあまり緊張しすぎないで、訊かれるままに答えていったらよいと思います。御家族が同席なさる場合、医者が本人に質問したときはとりあえず本人が答えるまで口を出さずに見守っていただきたいと思います。医者の方は本人がどの程度答えられるか、その評価を兼ねて訊いていることがよくあるからです。

面接の終わり頃には医者から重要な情報が伝えられることが多いので、これはまたメモをとるなどしてよく理解するようにしましょう。情報として特に重要なのは、初診時における診断、さしあたりの治療方針と本人・家族の注意すべきこと、処方内容と処方の目的、予想される経過、次回の受診予約などです。初診時にすべてが見通せるわけではないのであまり神経質にならず、とりあえず次の受診までに守るべきことをしっかり聞いて帰りましょう。何か相談したいことが起きた場合の連絡方法についても確認しておくとよいでしょう。

患者さん自身は、精神症状のために理解力が落ちていたり、疲労のために集中できなかったりして、医者が伝えたつもりのことがまるで頭に入っていないことも珍しくありません。それだけに御家族の同伴はありがたいもので、特に薬の飲み方や生活上の注意を守れるよう帰宅後に気をつけてあげていただきたいと思います。初めのうちは薬を家族が管理して、必要なタイミングで出してあげるのがよいかもしれません。薬や効き目や副作用について観察し、簡単にメモをとっておくのも良い工夫です。

総じて安心も不安も伝染しやすいものです。特に緊張の高まる初診の際、御家族がおちついた様子で同伴してくださるなら、患者さんの不安は大いに軽減されることでしょう。

3　再診外来の活用法

さて今度は、ある程度の期間にわたって通院を続けている場合について考えてみます。現在の都市部のクリニックはかなり忙しいことが多いのではないでしょうか。「三分間診療」などと批判もされますが、これは必ずしも医者のせいばかりともいえません。来院する患者さんをすべて断らずに診療しようとすれば、一人一人に十分な時間を割けない結果になります。それを避けたいと思えば、新規の受診依頼を断らなければなりません。医者の側にもつらい事情があります。

初診時に十分に時間をかけるかわり、再診ではある程度てきぱき進めていくというのは、そういった現状の中で良い援助を行っていくための工夫でもあります。そのように時間の限られた再診面接を、できるだけ有効に活用するコツを考えてみましょう。

その日の報告や質問を準備しておく

再診外来でのやりとりは、挨拶に続いて「(具合は)いかがですか?」といった医者の問いかけで始まることが多いでしょう。大きな変化があった場合は当然それについて報告することになるでしょうが、状態が落ち着いてくると案外、答えに詰まることも起きがちです。せっかくの受診の機会を生かすためにも、質問に対してどう答えるか準備しておくのがよいと思います。そのためには、前回受診してからの自分の状態やできごとを自ら振り返る必要があり、そのことが自分自身の観察や評価の機会をもたらします。「観察自我」などという言葉が示すとおり、自分を観察することは自我の重要な働きであって、この働きを強めることには大きな精神療法的効果があります。そのような観察の結果を言葉にまとめて伝える作業にも、同様に自我の機能を高める効果があるでしょう。二週間なり四週間なり、一定期間ごとにこうした観察と伝達の機会をもつことは、生活にリズムを作り出すことにもつながります。

その日、特に伝えたいことや訊きたいこと、依頼したいこと（たとえば診断書の記載）などがある場合は、面接の中で早めに伝えるのがよいと思います。医者は頭の中で目の前の患者さんに使える時間を計算し、残り時間を意識しながら話の流れを考えているものだからです。中にはそうした話題を決まって最後にもちだされる方があります。予定の時間をほぼ使い切り、次の時間枠の患者さんが既に来院して待っておられるタイミングで「すみませんがこれを……」と診断書の用紙をとりだされたりすると、医者のほうも困ってしまいます。

薬を飲んだ結果を医師に伝える

第6章では薬物療法の果たす心理的意味について少し詳しく述べ、「薬は医者と患者のコミュニケーションの仲立ちをするツールである」と指摘しました。医者が処方し患者が服薬する、ここまでで終わったら一方通行ですが、服薬した結果を患者さんが医者に伝えることによって、双方向的なやりとりが成立します。ちょうどキャッチボールのようなものですから、患者さんや御家族には、是非とも良いボールを投げ返していただきたいと書きました。

ボールを投げ返すとは、処方された薬を服用した結果について観察し、その結果を伝達することです。「良いボール」とはどんなボールでしょうか。「服薬の効果を冷静客観的に観察して、その所見を適切な言葉で伝えて……?」そんなことを言われたのでは、「医者でもないのに無理です」と答えたくなります。おっしゃるとおりで、それは無理というものです。そもそも、その時点で心身に生じた変化が薬の効果なのかどうか、それすらはっきりしないことも多いでしょう。

そんなに窮屈に考えることはありません。良いにつけ悪いにつけ、薬を飲み始めた頃から何かしら以前とは違った状態や気配が生じてきたら、とりあえず医者に伝えるのがよいと思います。「薬と関係あるかどうかわかりませんが」と患者さんが前置きして語られることは多く、その中にときどき貴重な情報が含まれています。処方する際にあらかじめ主な副作用を伝えておくのは医者の務めですが、頻度の低いものまで全てを説明することはできません。それだけに、気になることを気軽に伝えていただくことが、医者にとってもありがたいのです。

昔気質の患者さんの中には、「せっかく処方してくれた薬の悪口を言っては申し訳ないので」と、副作用については言わずに我慢する方が以前はよくありました。美談のようですが、裏返してみればパターナリズムの表れです。薬を飲むのは医者の権威を支えるためではなく、御本人の健康のためなのですから、副作用の気配があれば伝えていただくのが当然です。「申し訳ないから」と報告せず、代わりに黙って服薬を中止するようなことになれば、コミュニケーションは破錠してしまいます。率直こそ診療場面での美徳です。医学用語を使う必要はなく御自分の言葉でかまいませんから、ぜひ率直に事実を伝えるようにしましょう。

薬によって生じた変化を観察・報告することも、前項で述べたのと同じく自我機能の良い訓練になるものです。もちろん副作用に限ったことではありません。薬を飲んで良い変化があったようならなおさら結構、ぜひとも言葉にして医者に伝えてください。

なお、同じ薬を長年にわたって飲み続けている場合でも、飲む側のコンディションの違いや症状の変化にともなって、以前とは違う反応が出てくることは十分考えられます。そういった場合に「薬は変わっていないのだから薬の影響であるはずはない」と思い込んでしまうと、副作用に気づくのが遅れたり、薬を減らすチャンスを逃したりすることにつながります。同じ抗精神病薬を何年も飲んでいた人にこれまで出なかったアカシジア（第5章参照）が表れるとか、抗不安薬に対して以前は感じなかった眠気やだるさを感じるなどは、よく経験することです。原因不明の不調が起きてきた患者さんの診察では、向精神薬に限らず常用薬の影響をチェックするのが医者の心得でもありますから、何か変化があったときには遠慮なく医者に相談なさるのがよいでしょう。

薬を飲むことにまつわる気持ちを考えてみる

前章で、薬が果たす象徴的役割やそこに表れる心理的意味について考えてみました。時にはそれをヒントにして、薬について自分がどう感じているか振り返り、それを言語化してみるのもよいと思います。

たとえば、長年飲んでいる薬をどうしても飲みたくないと感じるとき、あるいは逆に薬の効果が時間とともに薄れるのが心配で、次の服薬の時間が待ちきれないと感じるとき、そういった時に「何が自分をそんな気持ちにさせるのか」と考えてみると、意外な発見があるかもしれません。薬を飲みたくないという気持ちには誰かへの不満・不信があらわれているのかもしれないし、将来に対する不安や病気というレッテルに対する反発がこめられているのかもしれません。薬に頼りたくなるとき、本当は別の方法で解消すべき他の不安を、安易に薬で解決したくなっているのかもしれません。

ある程度自分で考えてみたうえで、家族に相談したり、面接の場で医者と話し合ったりすることで、自己理解を深めるきっかけにできるとよいでしょう。

常用量依存と対策について

第5章でベンゾジアゼピン類に対する常用量依存（治療用量依存）について紹介しました。これについては国際的な流れと日本の多くの医師の感覚との間にズレがあり、医師の間にも考え方にかなりの温度差があります。多忙な日常の中で医師の側からはなかなか説明が与えられないかもしれませんから、抗不安薬や睡眠薬を長期的に服用している場合は一度医師の考えを聞いてみるとよいでしょう。

減量の必要性や可能性、具体的な減量スケジュールなどについては、医師の指導を受けながら判断することになります。参考までに私自身のやり方を申しあげれば、統合失調症における抗精神病薬服用や、うつ病の急性期における抗うつ薬治療などと異なり、抗不安薬や睡眠薬の減量に関してはある程度自主的に行うようお勧めしています。そのような場合、「疑問や心配事があったときは随時担当医に相談する」という大原則に加え、以下のポイントをお伝えすることが役に立つようです。

①　減らすのは一度に一種類だけ。二種類同時に減らすと、思わしくない結果が起きたときにどちらが原因なのかわからなくなります。

②　少量ずつゆっくり減らすこと。たとえば、毎食後一錠ずつ一日に三錠の抗不安薬を飲んでいる場合、初めは「昼食後の一錠を半錠に減らし、一週間様子を見る」といったところから始めます。万一不安が強まるようでも三日ぐらい頑張って、体が慣れるのを待ってほしいのですが、あまりつらいようならいったん一錠に戻して仕切り直しします。焦らないこと、諦めないことが大事です。

③　いつどのように減らしたか、その都度簡単にメモをとっておくこと。次回の診察時にそれを見せながら医者に経過を伝えるという要領です。

より詳しい情報については、第5章で紹介したアシュトンマニュアルを参照してください。くどいようですが、このような自主的調整は医師とあらかじめ申し合わせて行うべきもの、二人三脚の作業であることに念を押しておきます。

人生の重要なことがらについての相談

外来通院が長く続くにつれ、患者さんの実生活の中でいろいろなことが起きてきます。そうしたことについて、時には医者にじっくり相談に乗ってもらいたいこともあるでしょう。そのような場合には率直にその旨を申し出て、長めに時間をとってくれるよう依頼してみてはどうでしょうか。専門外のことにまで医師の権威をもって立ち入るのは越権行為ですが、精神疾患をかかえて生きている人の悩みごとを、狭い意味での医学からあえて一歩踏み出してうかがうのは、医者の仕事の一部だと私自身は考えています。

ただ、このあたりは医師の個性にもより、皆さんとの相性もあることでしょうから、一概にはいえません。中には「自分は病気を治すのが仕事です、人生相談ならよそへ行ってください」などと公言する医師もありますし、それで十分とおっしゃる患者さんもあるでしょう。しかし、薬にまつわる問題、たとえば妊娠・出産に与える服薬の影響や、就職にあたってどの程度の労務が可能かといった判断などは、診療スタイルに関わりなく医師が相談に乗るべき案件です。そのような事柄については、遠慮なく相談なさってみてください。

服薬や就労などの問題は自ずと患者さんの人生設計に関わってくるもので、精神科の診療はいつも人生相談とすれすれのところで動いているものだと感じています。

第8章　医者を採点する

この章では角度を変え、医者としてあるべき姿について考えてみましょう。前章でも言い訳したとおり、これは私にとって非常にやりづらい作業です。患者さん側の視線で物事を見る難しさもあるうえ、書く端から「先生、御自分は実行してますか？」と突っ込みが入りそうです。それをあらかじめ告白したうえで、私が患者だったら医者に期待したいと思うことを、チェックリストのような形でいくつか挙げてみることにします。

1　医者のチェックリスト

✓診断（みたて）を伝えてくれているか？

他の医療機関から移ってきた患者さんと話していて驚くのは、診断について「教えてもらったことがありません」とおっしゃる方がかなりおられることです。もっとも、医者のほうでは診断を伝えたつもりなのに、患者さんの側で頭に入っていないというケースもあるかもしれず、いくらか割り引いて聞くとしてもその頻度は驚くほど高いのです。パターナリズムの時代ならばいざ知らず、インフォームド・コンセントからＳＤＭへと医療が進んでいこうという現代に、これではいけません。

念のためにいえば、ここでいう「診断を伝える」ことと「医学用語で病名を告知する」こととは、重なるところが大きいけれど必ずしも同じではありません。統合失調症などの場合、せっかく二〇〇二年に病名が変わったことでもあり、病名告知は原則として必ず行うべきでしょう。しかしそれだけでは不十分です。「統合失調症」という言葉が具体的に何を意味するのか、疾患の特徴や治療方針など、心理教育のパッケージとセットになった病名でないと無意味だし、何よりも個々の患者さんの生活背景や人柄を考慮し、その人にとってその病気が何を意味するかという大きな「みたて」を伝えるものでなければなりません。そこまで考えるならば「みたて」は診療の中で時間をかけて行われる共同作業であり、病名告知はそのほんの一部でしかないともいえます。

いっぽう、患者さんに医学的な病名をむき出しに伝えることが難しい場合もあります。パーソナリティ障害はその一例で、たとえば境界性パーソナリティ障害の場合に（パーソナリティ障害の診断自体、私はきわめて慎重に行うべきだと思いますが、ここでは仮に診断が確実なケースを想定するとして）、それをそのまま伝えることにはさまざまな困難が予想されますし、治療上得策でない場合が多々あるでしょう。

だからといって、カルテに記した病名を患者に伏せながら、診断の問題をひたすら回避して治療を続けるのがよいとも思われません。こうした場合、医学的な病名をトップに掲げるやり方ではなく、たとえば「見捨てられるのが怖い」「人に対しても自分に対しても気持ちや評価が一定しない」「衝動的に自分を傷つけたくなってしまう」といったその人のつらさを共有し、それが統合失調症とかうつ病とかいった病気への罹患というよりも、その人自身の中から起きてくることを確認することのほうが大事でしょう。そのような病態は現今の診断基準に照らしていえば「境界性パーソナリティ障害」に該当するが、問題はそのような振り分けやレッテル貼りではなく、つらさの由来と対処方法を明らかにすることであると、そのようなもっていきかたを工夫したらどうかと思います。

こういった応用型を含め、診断について伝えたり話し合ったりすることは精神科診療の重要な柱です。この作業について担当医がどの程度真摯な姿勢をもっているかは、大事なチェック項目だと思います。

✓ 疾患の特徴や治療方針を伝えてくれているか？（心理教育を大事にしているか？）

これは右に述べた「診断」の共有と表裏一体のものです。そもそも診断が重要であるのは、診断にもとづいて治療方針が選択されることになるからです。診断について丁寧に説明してくれる医師なら、治療についてもきちんと説明してくれるでしょう。こうした情報提供を「心理教育」と呼ぶわけです。

医者自身が疾患について十分な知識をもち、適切な治療法を選択できることはもちろん重要ですが、これに関する情報を患者さんと共有する作業は、患者さんに主体的な姿勢をもってもらううえでこれまたきわめて大事です。治療が長期に及ぶことの多い精神疾患の場合、患者さんが主体的な治療意欲を維持できるかどうかは、予後を大きく左右することになります。

あわせて、長期的な展望をもつことも大事です。毎回の診療では、現状を確認して一～数週間分の処方を調整するという短期的な対応が中心になります。長期的な展望について毎回話し合う時間はないし、そこまでの必要もないでしょうけれど、時々はそうした展望を確認する必要がありますし、患者からそういう質問が出たときには受けとめて対応してほしいものです。

✓薬を処方する目的とリスクについて説明してくれるか？

薬については既にいろいろ書いてきたので、詳細を繰り返す必要はないでしょう。患者さんの話を聞いて処方を調整するとき、どういう目的でどのような薬を出すのか、どんな副作用の可能性があるか、副作用が出た場合にどのように対応すればよいか、そうしたポイントを簡潔に説明してくれるかどうかは、重要なことです。

欲を言えば、そのような説明をしたうえで、処方について了解を求める一言がほしいのです。先に紹介したＳＤＭも何か突飛なことではなく、必要な情報を提供しては患者さんの主体的な選択を助けるというやり方を、毎回の処方にあたって丹念に繰り返しているかどうかにかかっています。ＳＤＭなどという言葉を知らなくても、やっている医師はやっていることです。

✓不調を訴える度に薬が増えていないか？（＝訴えを受けとめてくれているか？）

「調子が悪いと訴えると、話は聞いてもらえなくて、ただ薬が増えるんです」ときどき耳にする嘆きです。つい先日も、「最近、何だか緊張するんです」とおっしゃる患者さんに「どんな時、どんなふうに緊張するんですか？」と訊いたら目を丸くされました。それまでかかっていた精神科医は決してそんなふうに訊くことがなく、「緊張するんです」といえば「じゃあ、これを飲んどいて」と薬が処方されるに決まっていたのだそうです。それを聞いて私のほうが驚く番でした。「緊張する」だけでは私には何が何だかわからないし、わからないままで薬を出そうにも何をどれだけ出したらよいかわかりません。

ここまで極端でなくとも、症状や変化を丁寧に理解して原因を考えるか、それとも途中のプロセスを省略して処方で片づけようとするか、医者によってかなり差があるようです。実際には、現状を伝えて話を聞いてもらえただけでも安心し、処方が不要なケースもかなりあるはずなのです。

何か言えば薬が増えると警戒すれば、患者はそれを避けるために訴えを控えるようになります。「具合はどうですか？」「特に変わりありません」これなら見かけは無風ですが、実際には中身の薄い診療になってしまうでしょう。

✓安心して文句が言えるか？

医者に期待したいことを列挙してきましたが、それが実行されていないと感じた時にはどうしたらいいのでしょう。不満を感じてもただ我慢するしかないとしたら、右に挙げたチェックリストなどは愚痴の種を作り出すものでしかありません。逆に、感じていることを言葉にして伝えることができ、これに応じて医者がやり方を修正してくれるとしたら、そこには新たな展開が生まれてきます。そういう意味ではここに挙げた「安心して文句が言えるか」というチェック項目が、実はいちばん大事なことかもしれません。「文句が言える」は乱暴な表現ですが、要するに本音を伝えることができるか、そうしても大丈夫という信頼感があるかどうかです。

ある講演会の質疑応答の時間に、女性の来聴者が面白い質問をなさいました。

「私の主治医は時間をかけてよく話を聞いてくれるのですけれど、私と意見が違うことが多いのです。それで『他の医者に移りたい』と言ったら、『あなたのように手のかかる人はどこも引き受けてくれないから、一生私が面倒見ます』と言われてしまいました。ありがたいと思ったけれど、少し疲れてしまったので、しばらくはこの先生からお薬だけいただいてお話のほうはお休みにしたいのです。どう思われますか？」

突っ込みどころ満載のコメントで、どこから訊こうかと思ったのですが、ふと、

「ひょっとして、主治医の先生のほうもあなたに疲れているということはないですか？」

と質問してみました。すると彼女が我が意を得たといわんばかりに、

「そうなんです、あなたにはもううんざりだと言われます」

とおっしゃり、会場は爆笑に包まれたのでした。

重ねて訊いてみると、この人は医者を代えるつもりは全くないのです。ただ、長年の濃厚な精

神療法的かかわりに少々飽きと疲れを感じ、しばらく医者と距離をとってみたいということなのでした。

これだけでは詳しいことは分かりませんが、私にはこの方が基本的に主治医に恵まれ、円満な療養生活を送っているように思われます。そのいちばんの理由は、安心して文句が言えていること、時には口ゲンカすらできているらしいことでした。右に述べた「訴えに対して、言葉ではなく薬で応える」やり方の正反対で、心の問題にちゃんと心で応じてくれているわけです。

それで私は、「それがいいかもしれませんね、ときどき頭を冷やしながら、末永くその先生とおつきあいください」とお答えしました。

ケンカなどしないに越したことはありませんし、他愛のないケンカが思いがけずこじれて関係を損なってしまうこともあります。ただ、何か不満を抱いたときにそれを抱え込んでおくのではなく、言葉にして伝えられるのは、その関係の健康度が高い証拠です。私自身、「分かってくれていない」「説明に納得できない」などと真剣な眼差しで食いさがってきた何人かの患者さんを思い出します。そのほとんどが女性であったのは面白いところで、一般に女性のほうがコミュニケーションに熱心であり巧みでもあることの表れかもしれません。

いずれにせよ、相手を信頼しているからこそ文句が言えるということがあります。何か言いたいことがあるとき、担当医が信頼できると思ったら、思いきって言葉にしてみたいところです。前項のように「不調を訴えると薬が増える」という場合ならば、「先生、お薬がほしいわけではなくて、まず話を聞いていただきたいんです」と言ってみるわけですが、さて、そんなふうに言えるでしょうか？

2　医者を替えるという決断

右に述べたような医者への期待があまりにも満たされない場合、とりわけ伝えたいことがどうしても伝わらず、そうしたもどかしさを言葉にできる信頼関係が乏しい場合、「医者を替えるべきかどうか」と考えざるをえなくなります。

そういう御相談を受けた場合、「まずはできるだけ現在の関係を大事にしてください」とお伝えすることにしています。医者を替える作業は引っ越しに似たところがあり、移ること自体に相当エネルギーが要るうえ、移った先が現在よりも良い環境であるかどうかは、移ってみないと分からないからです。効果は未知でリスクが大きいのです。

それでも熟慮の末に転医を決断した場合、まずはできるだけ情報を集めて転医先を選ぶことです。そのうえで、できればこれまでの担当医に頼んで紹介状（診療情報提供書）を書いてもらうのがよいでしょう。従来の治療経過や、その過程で担当医がどのように考えていたかが分かると、今後の治療に大いに参考になります。実際にも、転医の際には前医の紹介状を求める医療機関が多いようです。

ただ、これまでの担当医に対して何かしら納得できないので転医するという場合に、当の担当医に「よそへ移りたいので紹介状を書いてください」とは言いづらい面があるでしょう。そんなことが言える関係ならば、そもそも医者を替える必要はなかったのかもしれません。そうした事情でどうしても難しければ仕方ありませんが、できれば「わけがあって移らなければならなくなったので」ぐらいに言って、紹介状を書いてもらいたいものです。

私自身、自分の担当していた患者さんから「他院へ移りたいので、紹介状を書いてください」と頼まれることが時々あります。転居などの事情による場合がほとんどですが、中には私への不満や反発が明白なケースもありました。もちろん愉快ではありませんが、だからといって紹介状を書くのを断ったことは一度もありません。必要な情報提供を求めるのは患者さんの権利であって、特段の事情のない限りそれに応じるのが医者の義務だからです。

あわせて自分の側に間違いがなかったか反省してみるのですが、いろいろなパターンの中でいちばん多いのは、要するに相性が悪かったというケースのように思われます。

相性というのは面白いもので、非常な勉強家で同僚から尊敬されている立派な医者でも、すべての患者さんからありがたがられるわけではありません。また、少々偏屈だったり仲間からはいい加減と思われていたりする医者が、特定の患者さんからは大いに頼られるといったことがあります。似たようなことは内科や外科などでも地域医療レベルではよくあることだろうと思いますが、精神科臨床では人と人との人格的接触が治療の重要な一部を為す傾向が強く、相性の問題がより鮮明に表れるのでしょう。

思いきって医者を替えた人々が、移った先でより相性の良い担当医と出会うことを願うばかりです。

第９章　落ち穂拾い――その他の大事なこと

家族・薬・医者と患者といったことをテーマにして、いろいろと書いてきました。その中で扱いそこなったことや、あらためて強調しておきたいことなど、落ち穂拾いのように記しておくことにしましょう。

１　当事者活動から力をもらう

べてるの家

わが国の精神保健福祉にはなおさまざまな問題が山積していますが、良いニュースも決して少なくありません。中でも近年における当事者活動の盛り上がりには、目を見張るものがあります。その代表的なものとして、北海道浦河町に拠点を置く「べてるの家」の活動は皆さんも御存じでしょう。一九七八年末、精神障害からの回復者の集いとして始まったべてるの家は、一九八〇年代に日高昆布の全国への販売で起業しこれを成功させる一方で、いわゆる当事者研究という独創的な活動によって注目を浴びてきました。

べてるの当事者研究では、主に統合失調症の患者さんたちがそれぞれの体験を開示し、つらい症状と生活の困難をどのように乗り越えていったらよいか、お互いに知恵を出し合って考えていくのです。医師の診断である「統合失調症妄想型」に対し、「逃亡失踪症爆発型」などといった自前の病名をつけて自己理解を進める手法や、厄介な症状である幻聴を「幻聴さん」として擬人化し、迷惑なお客さんである幻聴さんにどうやってすんなりお引き取りいただくかを話し合う方式など、当事者でなければ想到できない創造的な工夫が、野太いユーモアに支えられて展開しています。

もうずいぶん前になりますが、ある学会にべてるの家の一行が招かれたことがありました。その時、代表者が、

「最近の健常者はだらしがないので、私たち障害者がカツを入れにきました」

と朗らかに挨拶して、満場の爆笑と喝采を浴びた場面が忘れられません。

べてるの活動の背景には、精神科薬物療法の進歩や認知行動療法・SST（社会技能訓練）など心理技法の発達があり、ソーシャルワーカーや医師らの献身的な支えもあるのですが、そうした成果を主体的に生かして時代を切り開いていく当事者たちの力強さにはまさに脱帽します。

べてるの家は、見学者を常時ひろく受け入れる態勢をとっており、私も放送大学の教材制作のため現地で取材させていただきました。最近では首都圏などでも活動を展開しているので、関心

のある方はぜひ訪問して元気を分けてもらうことをお勧めします。

AA（匿名断酒会）

べてるの家のスローガンの一つに「三度の飯よりミーティング」というものがあるようですが、これはひょっとしたらAAから学んだものではないかと思います。AAとはAlcoholics Anonymousすなわち匿名断酒会のことです。AAは一九三〇年代にアメリカで誕生したもので、ビルとボブという二人のアルコール依存症者が、互いに支えあって断酒に成功したことがきっかけとなって始まりました。現在では世界九〇カ国で一〇〇万人規模のメンバーを擁すると言われ、この活動の成功によってそれまでは不治の病とされていたアルコール依存症が、回復可能な病であると示されたのです。

「匿名」とあるとおりAAのメンバーは名前や地位などに一切かかわりなく、ただ酒に敗北した一個の人間としてグループに参加します。そしてAA独自の規約にもとづいて集いながら断酒を目ざすのですが、そこで実際に行われるのは無批判・語りっぱなしのミーティングの繰り返しです。ただそれだけのことを愚直に続けられるかどうかで、アルコール依存症者の予後が決定的に違ってくるのです。

AAの影響もあって、わが国では実名を名乗って参加する日本型の断酒会が一九五三年に発足し、これまた全国に広がっています。いっぽう、NAはナルコティックス・アノニマス（Narcotics Anonymous）の略称で、AAの薬物依存治療への応用と考えられます。

ミーティングというと、何か議題やテーマを決めて一定の成果を出さなければいけないと思いがちですが、AAから始まって「べてるの家」に至る「語りっぱなしミーティング」はこれとはまったく違った働き方をしていることが分かります。問題を共有する人々が集うこと自体に意味があり、その場の力が思いがけない励ましをメンバーに与えるのです。そのようなやり方は、精神疾患の患者さんや御家族がそれぞれの身の回りで活用できるものではないかと思います。

地域の断酒会の中にはオープン・ミーティングを行い、部外者の参加を認めているところもあります。AAの場合、首都圏でしたらまずAAの関東オフィスに連絡を取れば、参加可能なミーティングを紹介してくれます。

平安の祈り

べてるの家やAAの活動について特筆すべきことのひとつは、いずれもキリスト教の精神が背景にあることです。誰でも広く参加できるようにとの配慮からでしょう、ことさらキリスト教色を強調しているわけではありませんが、たとえばAAの一二のステップを見るとき、それがキリスト教の信仰告白に酷似していることを思わずにはいられません。べてるの家のほうは、浦河教会を拠点として始まっている歴史もありますし、聖書の読者であれば「べてる」という名称から創世記二八章の物語を直ちに思い出すことでしょう。

これらの当事者活動の背景にキリスト教信仰があることは、私たちの喜びであり励ましともなるものです。その象徴ともいえるのがよく知られた下記の祈りで、通常はアメリカの神学者ラインホルド・ニーバーの祈りとして紹介されるものです。これには異論もあるようですが、ここで大事なのは作者が誰かということではありません。ＡＡにおいてもべてるの家においても、この祈りが毎日のように祈られていることを皆さんにお伝えしたいのです。

中に出てくる serenity という言葉を日本語にするのが難しく、「静謐」とか「冷静さ」とか訳されることもあるのですが、ここではべてるの家のウェブサイトに敬意を表して「平安」と訳しておきましょう。（他の部分は石丸の私訳です）。短い祈りですが、きっと皆さん御自身の日々の慰めになることと信じます。

神よ
変えられるものを変える勇気を
変えられないものを受けいれる平安を
変えられるものと変えられないものとを見分ける知恵を
私たちに与えてください

2　社会資源を活用する

精神疾患のある人々を支える日本の社会資源は、まだまだ十分とはいえませんが、それでも昔に比べれば充実してきたと思います。その中から、いくつかを拾ってみましょう。

公的機関

公的機関のうち精神保健福祉センターはその名の通り、精神障害者の福祉増進を図るためのもので、各都道府県および政令指定都市ごとに設置されています。精神科医・臨床心理技術者・精神科ソーシャルワーカー・作業療法士・保健師・看護師などの専門職が配置されています。保健所等に対する技術指導・援助、保健所等の職員の教育・研修、広報普及、調査研究などの任務を負っていますが、いっぽうでは精神保健福祉に関する相談を受けることを大事な役割としており、当事者活動の支援や組織化の手助けを行っているところもあります。

困ったときに相談できる公的機関としては、保健所も重要です。保健所は精神保健に限らず、地域保健対策全体にかかわる行政サービスの拠点ですが、一九六五年の精神衛生法改正以来、地域における精神衛生行政の第一線として位置づけられ、相談や訪問、保健所デイケア、地域作業所づくりや家族会の育成などにとりくんできました。

直接の保健サービスは住民により身近な市町村に移管され、保健所は広域的・専門的役割にシフトしているのが大きな流れですが、取りあえずの相談先としては現在でも覚えておいてよいものです。

デイケアと作業所、地域活動支援センター

これまでの精神保健福祉システムの中で、活発に機能してきたものとしては精神科デイケアと小規模作業所が挙げられます。

社会復帰に向けての外来での教育訓練や治療のうち、日中に行われるものをデイケアと呼び、午後四時以降のものをナイトケアと呼びます。医師・看護師・作業療法士・精神保健福祉士・臨床心理士などからなるスタッフの要件が法律で定められており、集団精神療法・作業指導・レクリエーション活動・生活指導・療養指導などを施行します。二〇一二年の時点では、全国で一四〇〇カ所を超える医療機関が精神科デイケアを実施していました。今後は地域に向けて、より開かれた通所サービス拠点となることが期待されています。

小規模作業所は患者家族によって自主的に開始された歴史をもち、一九八〇年代に設置が本格化しました。日中に集まって、軽作業や食事作り、レクリエーション活動などを行うもので、家族だけでなく市民ボランティアなどの協力を得て障害の克服を目ざす福祉活動を展開してきました。法定外の施設であったために運営上の困難も多かったのですが、その後は行政からの支援もあって活発な社会復帰拠点となり、二〇〇五年には全国で五〇〇〇カ所を超える小規模作業所が存在していました。

二〇〇六年に施行された自立支援法は、地域活動支援センターを市町村の活動として制度化し、これにともなって小規模作業所は大半が地域活動支援センター（Ⅲ型）に移行することになりました。この新制度のもとで利用者は従来と違って一割の費用負担を求められることになり、一方では補助金の低さもあって職員の質や量を維持することが難しいなどの問題が生じています。

なお、自立支援法は、身体・知的・精神のいわゆる三障害を区別せず一括して対応する姿勢をとっています。それなりの理由はあるものの、精神障害のある人々がとりくんできた特有の問題がぼやけてしまうのではないかという懸念もあります。とりわけ地域における居場所づくりは重要なテーマであり、そのための地域における福祉拠点の強化が今後の課題として残されています。

自立支援医療

自立支援法は、精神疾患で通院医療を続ける必要のある場合に、医療費負担を軽減する規定を設けています。通常ならば公的医療保険で通院医療費の三割を負担しているところが一割に軽減され、さらにこの一割負担が過大にならないよう、世帯の所得に応じて負担の上限を設けているものです。

この制度の適用を受けるには、市町村窓口で申請のうえ診断書用紙を受けとり、医師に提出して記載してもらわねばなりません。精神科の臨床医は誰でもこの制度のあることを知っていますが、通院の継続が確実になった段階でお知らせしようなどと考えているうちに、伝え損なうことが起きがちです。せっかくの制度ですので、通院が長期化する場合にはぜひ活用してほしいと思います。

なお、この制度はもともと一九六五年の精神衛生法改正によって創設されたもので、通院医療費公費負担制度と呼ばれていました。精神保健福祉法にも引き継がれ同法三二条にもとづいて実施されていましたが、二〇〇五年一〇月をもって廃止となり自立支援医療へと移行したものです。

障害年金

障害年金という制度があることを御存じでしょうか。

「病気やケガなどで、日常生活に支障があったり、今まで通りに働くことが難しくなったりした場合に、一定の条件を満たしていれば年金の給付を受けることができる公的な制度」が障害年金です。視覚・聴覚・手足の不自由などのほか、がんや高血圧、糖尿病による合併症や心疾患が対象となりますが、統合失調症やうつ病などの精神疾患も対象に含まれることは、意外に知られていないかもしれません。

年金申請の実務面についてはさまざまな難しさがありますので、医師よりも社会保険労務士に相談なさることをお勧めします。私自身、患者さんの依頼を受けて申請に必要な診断書を書く作業を何度も経験してきました。診断書の書き方ひとつで受給の可否が分かれ等級が変わりますから、かなり気をつかいます。

振り返ってみると、実際に対象となる傷病名は限られており、概して認定が厳しいなど残念な思いが多々あります。つい先日もある集まりの中で統合失調症の患者さんが「病状が安定していると判断され、等級を下げられてしまった。障害者枠では限られた仕事しかできず、将来が不安で仕方がない」と訴えておられました。

せっかくの制度が患者さんたちの力になるよう、今後の改善を願ってやみません。

以上、いわゆる社会資源の中で、前章までに触れられなかったものの中からいくつか拾ってご紹介しました。このほかにも、2章で触れた家族会や前節に述べた当事者活動などは、強力で有効な社会資源の一例です。現にある資源を最大限に活用し、日々の生活に役立てていただきたいと思います。

3 体の健康を大切に

メンタルヘルスを維持するコツについて訊かれるとき、いろいろある答えの中でとりわけ大事なのは「体の健康」を大切にすることです。体の健康は心の健康の土台であり、両者は不可分のものです。体の健康をおろそかにしてストレス管理や認知療法ばかりに精を出すのは、ひどく効率の悪いやり方でしょう。

基本は単純なことです。規則正しい生活を守り、睡眠・栄養・運動に気を配ること、子どもの時から繰り返し言われてきたこれらのことを思い出して実行し、そのうえにそれぞれのストレス解消法を付け加えれば通常は十分です。

高血圧や糖尿病など持病をもっている人の場合、治療上の注意の中にも睡眠・栄養・運動は必ず挙がってくるでしょう。一病息災という言葉があるとおり、持病というお荷物が転じて健康への動機づけになればよいと思います。

精神疾患の患者さんたちは、精神症状や薬の副作用のために生活が不活発・不摂生になりがちです。入院中は医療スタッフに取り囲まれてやかましく生活を指導され、そこそこ規則的な生活を送っていたのに、精神症状が改善して退院したらかえって間食増加と運動不足でメタボ傾向が強まってしまった、などという皮肉な話はよく耳にします。御家族ともども、くれぐれも体の健康を大事にしていただきたいものです。

睡眠は必須

健康な生活のためには規則的で質のよい睡眠が必須です。このことは誰でも知っているはずですが、実際には睡眠をおろそかにしている人が非常に多いのではないでしょうか。日本人の睡眠の現状については多くの調査結果があり、調査の条件などによる結果のばらつきはあるものの、日本人の睡眠時間が短いことはどの調査も一致して指摘するところです。

アメリカ国立睡眠財団の調査で日本人平均六時間二二分、某企業の東京地方に限定した調査で平均五時間四六分など、いずれも二〇一〇年代に入ってからの数字ですが、どちらも調査対象となった国や地域の中で最短とのことでした。数十年前に比べ、日本人の睡眠時間が約一時間短縮したとの報告もあります。

後でご紹介する「睡眠衛生」の筆頭にあるように、必要な睡眠時間は人それぞれに違いますが、それでも生物としての人体が必要とする最低限の睡眠時間、あるいは健康を支えるために望ましい睡眠時間というものは、当然あるはずです。最近の専門家の研究に「夜間の睡眠時間が七時間以上八時間未満のグループが最も寿命が長い」という報告があり、これは経験的にも頷ける数字でしょう。しかし昨今の忙しい生活の中で毎晩七時間以上眠っている人は、どれほどあるでしょうか。

私たちはいつの間にか、「忙しければ睡眠を削るのはあたりまえ」という誤った常識に陥っているような気がします。健康維持のために、まずはこの常識を修正するところから始めましょう。また、都市部では多くの人々が昼夜逆転の傾向をもっているようです。太陽とともに起き太陽とともに眠るという習慣は、動物としてのヒトを数万年あるいはそれ以上にわたって支えてきた基本条件でした。そこからの逸脱が心身の健康に与える影響は、十分に解明されていませんが深刻なものがあるはずです。「太陽」をもう少しだけ意識することは、健康な生活の良いヒントになるでしょう。

快適な睡眠を確保するための「睡眠衛生」の心得にはいろいろなバージョンがありますが、基本的な考え方は共通です。以下に私が患者さんへの説明に使っている一二項目を掲げておきますので、参考になさってください。

【睡眠衛生一二箇条】

① 睡眠時間は人それぞれ。自分固有の睡眠時間を知ってこれを確保する。

② 眠る前は過度の刺激を避け、自分なりのリラックスを図る。ホラー映画やエキサイティングなゲームなどは禁物!

③ 眠くなってから床につくようにし、就床時刻にこだわりすぎない。

④ 同じ時刻に毎朝起床。「早く寝て早く起きる」のではなく、「早く起きて自然な眠気を待

つ」感覚。

⑤光を上手に活用する。目が覚めたら日光にあたり、体内時計のスイッチを入れる。夜は室内灯が明るすぎないようにする。

⑥規則正しい食事と運動。朝食はしっかり食べて心身を目覚めさせ、ほどほどの運動で熟睡感を深める。

⑦短めの昼寝を適切な時間帯に。午後三時以前、三〇分以内がコツ。

⑧眠りが浅いときは、意識的に遅寝・早起きすることで、短くとも深い眠りをめざす。

⑨いびき・無呼吸・足のむずむず・ぴくぴくは要注意。睡眠時無呼吸症候群やむずむず足症候群の可能性あり、早めに専門医を受診するとよい。

⑩十分眠っているのに日中の眠気が強いのも要注意。ナルコレプシーなどの可能性あり、やはり早めに専門医受診を。

⑪睡眠薬代わりの寝酒は逆効果。（次項参照）

⑫睡眠薬は医師の指示で正しく使う。

酒は得にならない

精神的にストレスがかかっている状態では、もともと飲酒の習慣のある人の酒量が増えたり、新たに飲酒を始めたりすることが起きがちです。私自身お酒が好きなのでなおさら強調するのですが、精神疾患の治療にあたって酒はプラスになりません。むしろ大きなマイナスをもたらす危険があるので、よくよく注意したいと思います。

寝酒という言葉があるので、不眠には酒が有効と思われがちですが、これは逆です。確かに飲酒は寝つきを促進しますが、中途覚醒（夜中に目覚めてしまうこと）を引き起こすうえ、深い睡眠を減らして睡眠の質を悪くするので、不眠を改善するどころか悪化させます。睡眠薬との併用は厳禁という事情もあり、不眠治療の間は断酒のうえ、必要に応じて睡眠薬を使った方がよほど効果的で健康に良いのです。

うつ病の場合にも、文字通り「憂さを晴らす」目的で酒が使われがちですが、これまた逆効果です。うつ病にはつきものの不眠を悪化させるだけでなく、抑うつ気分などうつ病の主要症状に対しても飲酒は有害と考えられています。睡眠薬だけでなく向精神薬一般に酒との相互作用は望ましくありません。抗うつ薬も例外ではありません。

不眠症やうつ病など現病を悪化させるばかりでなく、ストレス解消の手段を酒に求めているうちにアルコール乱用から依存症へと進展するケースのあることは、東日本大震災の被災地からも報告されていることです。このような事情を勘案すれば、精神疾患の治療の間は酒を断つのが賢明というものです。

ただ、疾患の種類や程度、服用する薬の種類や量、それまでの生活習慣などから、少しは飲ませてあげたいかなと思うこともあります。そのような場合、私自身は飲酒量と時間帯を厳格に決め、たとえば夕食の際にグラスワインを一杯だけという具合に約束し、御家族にも見守ってもらいます。さらに、飲酒から次の服薬までの時間を十分にあけ、酔いが覚めてから薬をのむようにしてもらっています。（これでも精神神経学会からお叱りを受けるかもしれません）日本人は酒には寛容なのでつい甘くなりがちですから、この点はくどいぐらい強調しておくのが良いでしょう。

「胃のために、また、度度《たびたび》起こる病気のために、ぶどう酒を少し用いなさい」

（テモテへの手紙 一、五・二三）

と使徒書も記しています。「少し」です。「たくさん」ではありません。

運動の習慣を

運動の習慣はぜひ生活の中にとりいれたいものです。どんなものでも良いのですが、歩く・走る・泳ぐといった有酸素運動は頭の働きを活性化する意味でもお勧めです。中程度までのうつ病は、長めの散歩を励行することで治せると本気で主張している海外の研究者がいるぐらいで、うつ病に対する治療効果はともかく、気分をすっきりさせる効果があることは間違いありません。水泳は肩や首の凝りと、それに起因する頭痛の予防にも最適です。せっせと泳がなくても、水に身を任せて浮いているだけでリラクセーションの効果があるでしょう。

激しい筋トレをいきなり始めるのはお勧めできませんが、適度の筋トレを有酸素運動と組み合わせることで身体機能がより効果的に増強できるという報告があり、それぞれ工夫してみると良さそうです。精神科の外来患者さんのうち、特に女性の中にはヨガ・太極拳・ダンスなどで体を動かしながらリラクセーションを図っている人が大勢いらっしゃいます。体をリラックスさせることを通じて心をリラックスさせるという発想は、自律訓練法や動作法などの心理技法にも通じるもので、理にかなっていると思います。

4　魂の健康に配慮すること

右往左往しながらいろいろなことを書いてきましたが、いよいよこれでおしまいです。少々突飛なようですけれども、患者さん御自身と御家族の体の健康とあわせ、魂の健康に少しだけ気を配っていただきたいと思います。

魂の健康という表現はあまり使われないので、面食らわれるかもしれません。米国滞在中に気づいたことですが、人の成り立ちを考える時に四つの次元に注目するということを、世界の多くの人々が行っているようなのです。英語で言えば physical, mental, social, spiritual の四つで、最初にこのことを教わったのは幼稚園の入園説明会での園長先生のスピーチでした。幼い子どもたちの成長 development に、この四つの側面があると説明されたのです。

その後、今度はＷＨＯ（世界保健機関）の健康の定義に spiritual を加えるかどうかということが、世界的な注目を集める話題となりました。従来は physical, mental, social の三つの面で完全に良好な状態であることを「健康」の条件としていたのですが、spiritualも必要であるということを主としてイスラム文化圏の人々が主張したのです。この件は結局実現しませんでしたけれども、ここでも同じ四つの次元が注目されることを面白く感じました。どうやらそこに、ある種の世界標準が存在しているようです。

四つのうち、physical（身体性）、mental（知性）、social（社会性）の三つの側面は日本語にもぴったりとはまります。しかしspiritualと言われると、ややとまどいがあるのではないでしょうか。「霊性」と訳すのが良さそうに思われますけれども、いわゆる「スピリチュアル」や「霊能者」といった言葉やメディアでの現れ方には、どこか浮薄で怪しげなものを感じてしまう人が多いだろうと思います。

けれどもこの言葉は、身体性・知性・社会性に還元されないもう一つの側面が私たちに内在することを示す点で、実はきわめて重要です。クリスチャンの皆さんは、直ちにピンとくるでしょう。それは私たちの信仰に関わること、神様との関係や私たちの人生の目的に関わる次元です。

そしてそれは特定の宗教に関わる人だけの問題ではありません。「人は何のために生きるのか」「なぜこの世に苦難があるのか」「人はどこから来てどこへ行くのか」、そういった問いから私たちは逃れることができないし、これらの問いを前にして考え込むとき、人は誰でも自分自身の霊的（spiritual）な側面と真摯に取り組んでいるのです。

そういう自分を大切にし、そうした問題に取り組む時間を御自分の生活の中にわずかでも確保していただきたいと思います。

「刊行の言葉」にもある通りこれはとても大切なテーマなので、機会があれば別に詳しく論じることとさせてください。今は皆さんの魂の健康が守られるよう心からお祈りしつつ、このブックレットを終えることに致します。

参考・引用文献

American Psychiatric Association『DSM-五 精神疾患の分類と診断の手引』高橋三郎・大野裕監訳、医学書院、二〇一四年
『我が国の精神保健福祉〈平成23年度版〉― 精神保健福祉ハンドブック』太陽美術、二〇一一年
石丸昌彦、広瀬宏之『精神医学特論（新訂版）』放送大学教育振興会、二〇一六年
大阪精神神経科診療所協会うつ病診療研究グループ『うつ病患者と家族の支援ガイド―精神科医の診療最前線』プリメド社、一九九八年
笠原嘉『うつ病臨床のエッセンス（新装版）』みすず書房、二〇一五年
金川英雄【現代語訳】呉秀三・樫田五郎 精神病者私宅監置の実況』医学書院、二〇一二年
H・S・サリヴァン『精神医学の臨床研究』中井久夫他訳、みすず書房、一九八三年
島崎藤村『夜明け前（第二部 下）』新潮文庫、一九五五年
白石弘巳『家族のための統合失調症入門（改訂版）』河出書房新社、二〇一一年
仙波純一『精神科薬物療法のプリンシプル』中山書店、二〇一二年
中村ユキ『わが家の母はビョーキです 二 家族の絆編』サンマーク出版、二〇一〇年
細川貂々『ツレがうつになりまして。』幻冬舎文庫、二〇〇九年
チェーホフ『決闘・黒衣の僧』小笠原豊樹訳、新潮文庫、一九七二年

※特に本シリーズのブックレットから
石丸昌彦『統合失調症とそのケア』キリスト新聞社、二〇一〇年
山中正雄『うつ病とそのケア』キリスト新聞社、二〇一〇年
谷口万稚『アルコール・薬物依存症とそのケア』キリスト新聞社、二〇一一年

参考URL

カリヨンこどもの家　http://www.jinken.ne.jp/child/tuboi/index_b.html

べてるねっと　http://bethel-net.jp/betheltoha.html

べてぶくろ　http://www.bethelbukuro.jp/

ＡＡ一二のステップ　http://aajapan.org/12steps/

ベンゾジアゼピン－それはどのように作用し、離脱するにはどうすればよいか（通称アシュトンマニュアル）
http://www.benzo.org.uk/amisc/japan.pdf

あとがき

「精神疾患を抱えて悩んでいる相手に、家族はどのように接したら良いでしょうか？」

そのような質問を受けることは珍しくありませんが、これは決して易しい質問ではありません。それどころかかなり答えづらいものです。かねがねそう思っていたところ、このたびその難問をCCCブックレットで扱うよう仰せつかりました。薬のことや、医師を受診する際の注意、社会資源などについても触れてほしいとのことです。筆者の力量では到底カバーできないテーマで、一瞬気が遠くなりましたが、悩み悩み御一緒に考えるスタンスでよければと、やってみることにしました。

「家族」という言葉で思い出すことが、それこそ山ほどあります。東北の大きな病院の精神科病棟や東京の小さなクリニックの診察室で、あるいはまた遠方からかかってきた相談の電話越しに、おびただしい数の御家族の悩みを伺ってきました。自身が精神疾患を患うこととは少しだけ違った、家族ゆえの苦悩があることを知りました。ひたすら健気に耐える多くの人々の姿を見、時にはたまらず逃げ出してしまった人の話を聞きました。医師の無力を自覚させられることも、御家族との間で最も痛切だったかもしれません。

初めは御家族向けの基礎知識やノウハウをコンパクトにまとめた、本シリーズで最も短い冊子をイメージしていましたが、いざ書き始めるとさまざまな記憶と思いが去来して止まず、右往左往する冗長なものになってしまったことをお詫びします。そんな中からでも、何かお役に立つものを拾っていただければ幸いです。

もともとこのテーマは、故・平山正実先生が執筆してくださる予定だったと伺っています。平山先生であれば、どれほどか力強く御家族の慰めになる言葉を綴られたことでしょう。先生の代役はとても務まるものではなく、せめて今後の埋め合わせを志すことで御容赦を請う次第です。

最後になりましたが、編集の労をおとりくださったキリスト新聞社の友川恵多氏に厚く御礼申しあげます。

C.C.C.
Christian Counseling Center

キリスト教カウンセリングセンター
のご案内

〒171-0021　東京都豊島区西池袋3−5−18
日本キリスト教団東京池袋教会4F
CCC事務局　☎03−3971−4865（FAX共通）
ホームページ▶　http://www.christ-counseling.gr.jp/

自己成長と隣人援助のために、教会と社会に奉仕する。

●CCCの目的

・教会と社会に仕えるために

CCCは、自己成長と隣人援助の働きを目的とし、教会と社会に仕えるために、超教派の働きとして1984年設立されました。現在プロテスタント、カトリックを合わせ、33教派の教会が参加しています。

・すべての人のために

活動の土台にキリスト教信仰を置き、人々の悩みや苦しみに応えることを主眼としていますが、カウンセリング学習であれ、相談の分野であれ、隣人援助や自己成長を心から望む方のために、教会の内外に向かって扉を広く開けており、参加の条件に信仰の有無を問うことはありません。

・よい相談相手になるために

CCCの隣人援助の働きは、基本的にボランティア活動ですが、的確なカウンセリングの知識と技術を身につけ、成熟した人格をもつ援助者の養成を目指しています。

●CCCの働き

・実践的なカウンセリング講座

CCCには研修所と相談所があります。研修所ではカウンセリングを学びたい方のために講座が開かれており、隣人援助の活動を教会や地域社会でと願っている方、自分の成長を望む方、また身近なところに切実な問題を抱えている方々のために実践的な講座が設けられています。

一定の条件を満たした方のためにCCC認定カウンセラーの資格制度があります。講座は毎年4月開講。詳細は上記CCC事務局まで。

・さまざまな悩みに応えるために

相談所では、人々の悩みに応えるため、訓練を受けたカウンセラーが相談に与っています。遠隔地またはお体の都合で来所できない方のために電話での相談ができます。また分室として菊名に相談室が設けられています。

ネットワークを保つため東京都民間相談機関連絡協議会の加盟団体となっています。

●池袋相談室●
〒171-0021 東京都豊島区西池袋3−5−18
日本キリスト教団東京池袋教会4F

●菊名相談室●
〒222-0021 神奈川県横浜市港北区篠原北2−15−17
カトリック菊名教会
※駐車場の用意はありません

相談は予約制になっています。まず、予約のお電話を・・・
いずれの相談室も予約受付は下記へ
相談予約電話　☎ 03-3971-0179

［監修者］
賀来周一（かく・しゅういち）
キリスト教カウンセリングセンター理事長、元ルーテル学院大学教授。鹿児島大学、立教大学大学院、日本ルーテル神学校、米国トリニティールーテル神学校卒業。日本福音ルーテル教会牧師として、京都賀茂川、東京、札幌、武蔵野教会を牧会。

斎藤友紀雄（さいとう・ゆきお）
キリスト教カウンセリングセンター副理事長、日本いのちの電話連盟常務理事。東京神学大学、米ランカスター神学校に学ぶ。日本基督教団隠退教師。現在、日本いのちの電話連盟常務理事、日本自殺予防学会理事長、青少年健康センター会長、キリスト教カウンセリングセンター研修所長などをつとめる。1997年、自殺予防活動への社会的貢献により国際リングル賞受賞。

［著者］
石丸昌彦（いしまる・まさひこ）
精神科医、放送大学教授。
東京大学法学部、東京医科歯科大学医学部卒業。各地の精神科病院で勤務の後、米ワシントン大学精神科留学。東京医科歯科大学難治疾患研究所講師、桜美林大学教授を経て現職。キリスト教メンタルケアセンター協力医師。日本基督教団柿ノ木坂教会員。

装画：今村麻果
装丁：桂川　潤
編集協力：森島和子

キリスト教カウンセリング講座ブックレット19〔第14回配本〕

健康への歩みを支える——家族・薬・医者の役割

2016年 8月25日　第1版第1刷発行
ⓒ2016

編　者　キリスト教カウンセリングセンター
著　者　石　丸　昌　彦
発行所　キ リ ス ト 新 聞 社
〒162－0814　東京都新宿区新小川町9－1
電話03（5579）2432
URL. http://www.kirishin.com
E-Mail. support@kirishin.com
印刷所　モリモト印刷

ISBN978－4－87395－708－1　C0016（日キ販）
Printed in Japan

キリスト新聞社の好評ブックレット・シリーズ

キリスト教カウンセリング講座ブックレット

カウンセリングが愛の業として隣人に関わっていけるために

全20巻予定、随時刊行！　好評発売中のラインナップ

［緊急企画］　別冊
▶**災害とこころのケア**　その理論と実践
斎藤友紀雄、賀来周一、藤掛明◉著　1,200円

［第13回配本］　第7巻
▶**自分を知る・他人を知る**　交流分析を土台に
賀来周一◉著　1,500円

［第12回配本］　第12巻
▶**ミドルエイジの問題**　家族療法の視点から
石井千賀子、加藤麻由美◉著　1,500円

［第11回配本］　第5巻
▶**老いとそのケア**　斎藤友紀雄◉著　1,400円

［第10回配本］　第14巻
▶**アルコール・薬物依存症とそのケア**
谷口万稚◉著　1,400円

［第9回配本］　第6巻
▶**聖書におけるスピリチュアリティー・スピリチュアルケア**
大柴譲治、賀来周一◉著　1,700円

［第8回配本］　第17巻
▶**老いを生きる**　教会の課題、キリスト者の課題
加藤常昭◉著　1,400円

［第7回配本］　第9巻
▶**うつ病とそのケア**　山中正雄◉著　1,200円

［第6回配本］　第8巻
▶**統合失調症とそのケア**　石丸昌彦◉著　1,600円

［第5回配本］　第4巻　＊品切れ
▶**悲しんでいる人へのケア**　斎藤友紀雄◉著　1,200円

［第4回配本］　第2巻
▶**はじめてのカウンセリング**　佐藤誠◉著　1,200円

［第3回配本］　第16巻
▶**子育てと子どもの問題**　村上純子◉著　1,500円

［第2回配本］　第1巻
▶**キリスト教カウンセリングの本質とその役割**
賀来周一◉著　1,500円

［第1回配本］　第13巻
▶**自殺危機とそのケア**　斎藤友紀雄◉著　1,200円

重版の際に定価が変わることがあります。価格は税別。